A QUESTÃO DO NEGRO NA SALA DE AULA

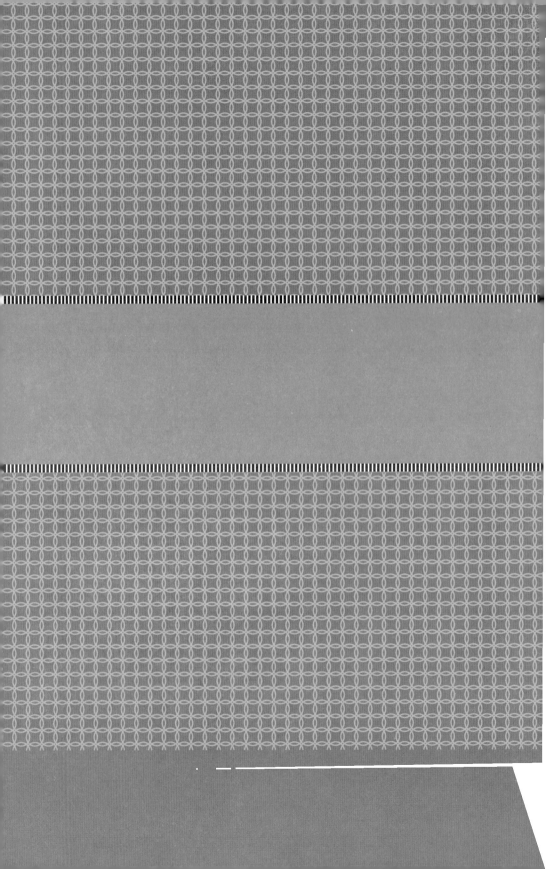

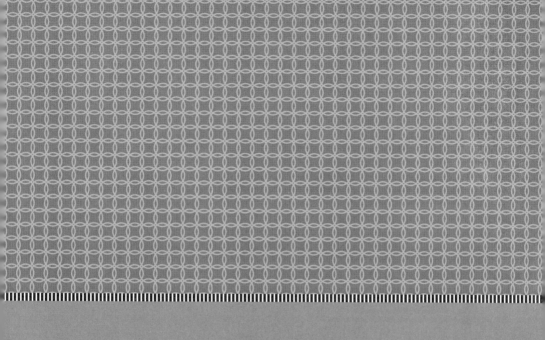

JOEL RUFINO DOS SANTOS

A QUESTÃO DO NEGRO NA SALA DE AULA

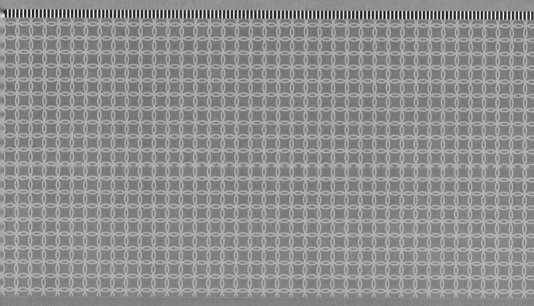

Edição revista e atualizada
São Paulo • 2016

© Joel Rufino dos Santos, 2012
2ª Edição, Global Editora, São Paulo 2016

Jefferson L. Alves – diretor editorial
Gustavo Henrique Tuna – editor assistente
Flávio Samuel – gerente de produção
Flavia Baggio – coordenadora editorial
Deborah Stafussi – assistente editorial
Tatiana F. Souza – preparação de texto
Alessandra Biral e Fernanda B. Bincoletto – revisão
Jonis Freire – atualização bibliográfica
Tathiana A. Inocêncio – projeto gráfico
Eduardo Okuno – capa

Obra atualizada conforme o
NOVO ACORDO ORTOGRÁFICO DA LÍNGUA PORTUGUESA.

CIP – BRASIL. Catalogação na fonte
Sindicato Nacional dos Editores de Livros, RJ

S233q
2. ed.

    Santos, Joel Rufino dos, 1941-2015
A questão do negro na sala de aula / Joel Rufino dos Santos. – 2. ed.
- São Paulo : Global, 2016.

    ISBN 978-85-260-2236-2

    1. Negros – Educação – Brasil. 2. Discriminação na educação – Brasil. 3. Direito à educação – Brasil. I. Título.

15-26035   CDD: 370.193420981
                                             CDU: 37.014.53(81)

Direitos Reservados

global editora e distribuidora ltda.
Rua Pirapitingui, 111 – Liberdade
CEP 01508-020 – São Paulo – SP
Tel.: (11) 3277-7999 – Fax: (11) 3277-8141
e-mail: global@globaleditora.com.br
www.globaleditora.com.br

Colabore com a produção científica e cultural.
Proibida a reprodução total ou parcial desta obra
sem a autorização do editor.

Nº de Catálogo: **2753**

A QUESTÃO DO NEGRO NA SALA DE AULA

Sumário

Nota editorial   9

Capítulo 1   Conversa prévia   11

O Brasil não é uma democracia racial   11
O dever de se atualizar   14
Raça e racismo   16
Como é ser negro   18
Por que tratar da questão do negro em sala de aula?   22

Capítulo 2   Como tratar da questão do negro em sala de aula   25

Dez súmulas de história e cultura negras   25

I) Os africanos (A)   25
II) Os africanos (B)   28
III) Tráfico negreiro   31
IV) Rebeldia negra (A)   33
V) Palmares   34
VI) Rebeldia negra (B)   35
VII) A sociedade escravista   35
VIII) Abolição   37
Pós-centenário da Abolição   38
IX) Pós-centenário da Abolição (A)   39
X) Pós-centenário da Abolição (B)   43

Bibliografia   47

Nota editorial

Em março de 2003, foi aprovada a Lei Federal nº 10.639/03 no Brasil. Com ela, promoveu-se uma alteração na Lei de Diretrizes e Bases da Educação a fim de tornar obrigatório o ensino de História e Cultura Afro-Brasileira nas escolas de Ensino Fundamental e Médio, tanto públicas como privadas. Cinco anos depois, em março de 2008, a lei foi alterada com a aprovação da Lei nº 11645/08, que incluiu a temática indígena.

Tais alterações provocaram uma série de ajustes no cotidiano da educação básica: docentes de História, Literatura e Educação Artística receberam a incumbência de abordar com maior embasamento temas relacionados à cultura africana e afro-brasileira, os livros didáticos começaram a conceder uma atenção especial no que tange ao conteúdo referente a estas temáticas e uma ampla gama de livros paradidáticos foram publicados visando atender a essas novas diretrizes.

Este livro do historiador Joel Rufino dos Santos visa apontar caminhos para que o professor possa tratar com propriedade a influência dos povos de origem africana na formação histórico-social do país e, assim, constitui-se numa ferramenta importante para que ele possa desenvolver junto aos seus alunos o conhecimento sobre a temática, cuja importância é central para a identidade cultural brasileira.

1.
Conversa prévia

O Brasil não é uma democracia racial

A questão do negro brasileiro está presente na sala de aula. Para tratar dela, porém, primeiro precisamos entender que nós, brasileiros, não gostamos de tocar nessa questão, pois acredita-se que o Brasil é uma *democracia racial*. Porém, essa democracia realmente existe?

Tudo indica que não. Democracia racial seria, em uma definição sumária, a existência de relações raciais em que as oportunidades fossem iguais para todas as etnias envolvidas. Ora, infelizmente isso nunca aconteceu aqui. Durante a maior parte da história de nosso país (4/5 exatamente), brancos, negros e índios ocuparam, quase sempre, posições sociais distintas: os primeiros eram senhores; os outros, escravos e servos. É bem verdade que a historiografia recente tem encontrado, por meio de pesquisa arquivística, casos de negros e índios donos de escravos, bem como de libertos que ocuparam posições importantes na malha administrativa da Colônia e, posteriormente, imperial. São estudos, sem dúvida, importantes para que se reconheça os negros e os índios como agentes históricos. Contudo, as dimensões da exploração e do desmando à qual a maior parte deles foi submetida durante sua vida devem receber toda a atenção.

Nos mais de 120 anos de trabalho livre no Brasil, a hierarquia manteve-se. A expectativa nacional de que o desenvolvimento econômico derrubaria os obstáculos à ascensão dos não brancos foi frustrada. Diversos estudos e mensurações revelam que a discriminação dos não brancos no mercado de trabalho persiste e que a cor escura da pele continua sendo um fator que empurra os salários para baixo.

Daí se poderia concluir que:

1) quando as oportunidades são iguais para brancos e não brancos, a remuneração é menor para os não brancos;
2) o que há, portanto, é uma democracia racial *ainda aparente*;
3) o motor da desigualdade racial brasileira está no presente e não no passado escravista, como geralmente se pensa.

Contra a evidência dos números – que comprovam o aumento da discriminação racial do mercado de trabalho –, muitos argumentam que os não brancos estão presentes em todos os espaços sociais, mesmo predominando nos esportes e nas artes em geral. Um olhar atento, contudo, revela que diversos setores são *de fato* – embora não *de direito* – privativos de brancos e justamente os setores que possuem maior remuneração e conferem mais *status*, como alta tecnologia, medicina, empresariado industrial e financeiro, política e a cúpula das Forças Armadas. Mesmo nas atividades esportivas, negros e mulatos concentram-se no futebol e no atletismo, como se algo os impedisse de entrar nas demais modalidades – tênis, automobilismo, natação, vôlei de praia, futebol de areia, entre outras. Em suma, no Brasil a *hegemonia racial* pertence aos *brancos* e a *democracia racial* é mais anseio que realidade.

Uma clara evidência do racismo brasileiro é a existência de um *movimento negro* desde a Revolução de 1930, que iniciou a "modernização" do país. Esse movimento negro pode ser definido como o conjunto das *instituições* e *personalidades* que, há quase um século, *lutam organizadamente contra o racismo*.

Ao longo do tempo, os objetivos desse movimento foram variados. Assistencialismo, lazer, integração à sociedade pela instrução e superação do "complexo de inferioridade" prevaleceram em suas primeiras etapas (entre 1920 e 1945, aproximadamente). Protestos em casos públicos de discriminação, ações de reforço à identidade étnica e, sobretudo, luta por *ações afirmativas* (por exemplo, sistemas de cotas) marcam sua atualidade.

Como outros movimentos sociais e democráticos, o movimento negro apresenta dificuldades e incompreensões, mas seu crescimento nos últimos trinta anos foi notável e, hoje, ele é formado por centenas de entidades. A voz dos negros fez-se ouvir claramente na história republicana recente – e esse fato deve ser saudado por todos os que pregam a democracia, qualquer que seja a cor de sua pele.

Essa voz não só se queixa do preconceito cotidiano e das discriminações escandalosas. Ela reclama o direito à História.

Ao lado dos historiadores e cientistas sociais, o movimento negro, por meio de intelectuais e líderes políticos, exerceu papel importante a partir da década de 1980 no que diz respeito à reconstituição da história da escravidão brasileira (4/5 de nossa existência, como já disse). Este esforço conjunto fez ruir o mito do negro escravo boçal e passivo, sempre pronto a dar sem nada receber, da mãe-preta e do pai-joão. O movimento negro ajudou a mostrar – primeiro ruidosamente e agora já com alguma serenidade – que o negro brasileiro descende de povos com uma longa história cultural e que ele foi aqui, ao longo de cinco séculos, um organizador incansável e um criador permanente de beleza.

Das necessárias longevidade e ação do movimento negro brasileiro, pode-se concluir que:

1) sua existência é mais um indicador de que não há *democracia racial* no Brasil;
2) a reivindicação da *história* do negro tem sido um forte estímulo à revisão da História do Brasil (voltarei a esse ponto adiante).

Como conclusão geral, pode-se dizer que a *questão do negro* chegou à sala de aula conforme o país se desenvolveu. Com a evidenciação do racismo, o movimento negro intensificou sua resistência e tornou essa questão socialmente importante.

O dever de se atualizar

Mesmo admitindo que o Brasil ainda *não é uma democracia racial*, vale a pena tratar da *questão do negro* na sala de aula?

Muitos professores e alunos, negros e brancos, fazem essa pergunta, temerosos de levantar mais um problema em um país que já possui tantos outros. A pergunta, contudo, é ociosa, pois, de uma forma ou de outra, a questão do negro já está na sala de aula.

Vestindo-se e penteando-se de maneira distinta, alunos negros se colocam como *negros* – o que pode, aliás, ser considerado ou ignorado pelos outros. E, mesmo sem um estímulo ostensivo como esse, o assunto está permanentemente em pauta: seja por sua omissão, seja pela fala preconceituosa de manuais didáticos ou do professor que a reproduz, seja pela delicada questão das cotas.

Muitos livros didáticos tomam o branco como óbvio. Por exemplo: suas "contribuições" à formação do povo brasileiro não são listadas – como são as do índio e as do negro; os papéis do índio e do negro são situados sempre no passado – como se tivessem evaporado na atualidade – e limitados a coisas supérfluas, pitorescas e negativas – como a crendice atribuída à influência indígena e o vatapá suposto como aporte africano. É essa visão do que é o povo brasileiro que o professor costuma encampar, que organiza coleções de museus históricos e que subjaz aos discursos dos políticos e às lições dos mestres da Pedagogia. Essa é, na verdade, a maneira pela qual o senso comum vê a nossa formação.

Ora, o que há de novo no Brasil deste começo do século XXI é precisamente a crise dessa visão de Brasil. As pessoas que na década de 1960 tinham seus vinte anos – como eu – acreditaram sinceramente em verdades que o tempo esboroou: o desenvolvimento ilimitado do Brasil, sua história incruenta, a bondade natural do brasileiro, a vocação pacifista da nossa política externa, o caráter democrático das Forças Armadas, a geografia privilegiada, o embranquecimento do povo brasileiro etc. A *democracia racial* era apenas um dos elos dessa longa cadeia de idealizações que sustentava aquela ideia de Brasil.

Para bem atuar como professor, é preciso manter-se a par das novas ideias de interesse geral, além daquelas que pertencem ao campo específico de sua disciplina. Se um professor leu livros de Biologia pela última vez há dez anos, ele sabe que terá enorme dificuldade em ensinar genética – e esse cuidado deve ser o mesmo nas disciplinas que compõem as Ciências Humanas. Por exemplo, se na primeira metade do século XX já era duvidoso afirmar que o Brasil é um país de solo fertilíssimo, hoje não tem nenhum cabimento – salvo como fator de ironia – ensinar nossas crianças que aqui "em se plantando tudo dá" ou que vivemos em um "país tropical abençoado por Deus". Se, desde o fim da Segunda Guerra, as nossas Ciências Sociais vêm desmascarando os mitos que embalaram determinado período histórico, manter-se atualizado é uma postura acessível ao professor da área.

Não é de hoje que diversos estudos históricos, alguns traduzidos, nos permitiram compreender a economia política do escravismo colonial e constatar que não faz sentido dizer que o "escravo foi o negro porque o índio não se submeteu à escravidão" – essa frase tautológica que eu ouvi de meus professores no colégio. Também há estudos que mostram que a *história da escravidão* é a história *da luta contra a escravidão* e que, portanto, não passa de tolice a tese do negro adaptado à escravidão, passivo e até contente, como se a escravidão pudesse ser menos escravidão no Brasil que em outros lugares.

Podemos falar também das pesquisas sociológicas e de antropologia. Finda a Segunda Guerra, a Unesco patrocinou uma investigação sobre a *democracia racial* brasileira, que presumia um modelo de interação e harmonia contrastante com o caso norte-americano. Paralelamente, foram realizados congressos antirracistas com intelectuais e militares. As conclusões de ambos desmentiram em vários aspectos o quadro cor--de-rosa. Havia, sim, preconceito e discriminação no Brasil: o fato de serem peculiares, decorrentes da nossa história incomum, não os descaracterizava como tais. Foi também naquele momento que o Congresso Nacional aprovou a Lei Afonso Arinos, contra a discriminação de negros – uma lei célebre e inócua, mas equivalente a uma confissão.

Conclui-se, então, que o professor – sobretudo, mas não apenas, o de disciplinas das Ciências Humanas – que quer enfrentar com segurança a questão do negro em sala de aula deve estar a par dessa revisão histórica, sociológica e antropológica, empreendida há cerca de setenta anos.

Raça e racismo

O que é raça? Os alunos diante de nós pertencem a *raças* diferentes? Primeiramente, é preciso pontuar que os seres humanos fazem parte de uma espécie. Como todos os seres humanos que habitam nosso planeta hoje descendem de ancestrais comuns, sendo, portanto, parentes biológicos, todos fazem parte da mesma espécie: a *espécie humana*.

Quanto à definição do que seriam as *raças*, há um número considerável de definições diferentes. De todo modo, é preciso reconhecer que o conceito de raça é constituído por componentes mais amplos do que o componente biológico, abrangendo também aspectos sociais e culturais.

Há uma definição objetiva segundo a qual raças são *populações da mesma espécie que diferem, em seus conjuntos gênicos, na incidência de alguns genes ou outras variantes genéticas.* Para a análise que faço aqui, contudo, tal definição não se aplica à nossa espécie. Vejamos por quê.

A espécie humana reparte-se em grandes grupos. Ninguém confunde uma menina negra com outra branca ou amarela (negroide, caucasoide e mongoloide, respectivamente, para os antropólogos físicos). O conjunto de características que as tornam diferentes é bastante amplo, mas nossa tendência é fixar a atenção nos traços visíveis, como cor da pele, formato craniano e textura do cabelo. Todavia, se conseguíssemos estabelecer um *tipo médio perfeito* de cada um desses grandes conjuntos – que o senso comum chama de raças –, veríamos que as diferenças entre esses *tipos médios* é bem pequena. Por outro lado, as variações dentro do mesmo conjunto com relação a esse *tipo médio perfeito* são bem maiores que as diferenças entre cada *tipo médio perfeito*. Ou seja, as diferenças físicas entre um *germânico* médio e um *africano médio,* por exemplo, são menores do que as dos germânicos entre si ou as dos africanos entre si.

Isso quer dizer que, no tocante à conformação física e orgânica (funções sensoriais, movimentos reflexos, "instintos", entre outros), os humanos são mais semelhantes do que a nossa percepção imediata revela.

Além disso, as variações entre seus "grandes grupos" são da mesma natureza daquelas observadas em os indivíduos do mesmo grupo.

Das diferenças físicas entre as *raças*, a mais notável é a cor da pele. Por isso, ela se presta a tantos equívocos. Mera característica externa, transmissível por hereditariedade, o conjunto de genes responsável pela cor da pele é parte da reserva genética comum a toda a espécie humana. As diferenças de cor entre os homens se devem, por um lado, à diversidade de combinações possíveis dentro dessa reserva comum e, por outro, às condições ecológicas que os grupos encontram durante sua difusão pelo globo. A cor escura, por exemplo, não é exclusiva de negros africanos, mas caracteriza também hindus e diversos povos ameríndios; de qualquer maneira, uma variação demasiadamente insignificante do *tipo médio humano*.

Além das morfológicas, o senso comum percebe outras diferenças entre os seres humanos.

Em geral, populações negras, brancas e amarelas apresentam costumes diferentes, professam crenças diferentes, relacionam-se com a natureza e entre si de maneiras diferentes, manifestam propensões distintas para determinadas atividade. Tais diferenças são caricaturadas, mas observáveis, *reais*. Contudo, objetivamente, elas nada têm a ver com o patrimônio genético acumulado pelos grupos humanos dentro da reserva comum à raça humana. São fenômenos sociais, gerados no ventre dessa segunda natureza que é a trama de relações estabelecidas entre os seres humanos organizados para sobreviver e se reproduzir. O que um vietnamita e um negro baiano fazem em suas noites livres nada tem a ver com as classificações *mongoloide* e *negroide* ou com a ideia corriqueira de *raça*. Da mesma forma, o desempenho eventualmente desigual de dois alunos da mesma classe em algum tipo de avaliação nada tem a ver com os respectivos patrimônios genéticos.

O conceito de *raça* e as *classificações raciais*, em voga até pouco tempo, não passam, pois, de uma forma de percepção pronta de fatos objetivos, a saber, diferenças morfológicas, sociais e culturais entre os grandes "grupos humanos".

Ora, como *forma de percepção pronta*, esse conceito possui uma história. A crença de que existem *raças humanas* foi *historicamente produzida*, assim como os perfis que cada *raça* assumiu nessas classificações.

17

Essa crença equivocada e sem base científica é denominada de *racialismo* e não leva necessariamente à discriminação do outro. Porém, quando o racialismo leva à discriminação ou à dominação do outro, aí se caracteriza o *racismo*. Isso parece indicar que o combate ao racismo deve começar pelo desmonte do racialismo. E, em salas de aula, essa tarefa cabe ao professor.

Essas considerações foram, de certa forma, ampliadas, porque frequentemente os professores trabalham com a *noção vulgar de raça*. Urge, portanto, que todos eles se conscientizem de que a aparência das pessoas não diz muito sobre elas, que pode acontecer de você colocar um indivíduo no "conjunto gênico" negro e ele pertencer a outro. Prova disso foi um grupo de pessoas brancas de Porto Alegre que apresentaram 8% de genes de origem africana em um exame de frequência de proteínas séricas (gamaglobulina). Ou um grupo de pessoas negras e mulatas no Rio de Janeiro que apresentaram 50% de genes caucasoides (brancos). E o que isso quer dizer? Que um negro que você está vendo nesse momento pode estar geneticamente mais próximo de um branco do que de outro negro – e isso sem ao menos considerarmos (como enfatizei linhas acima) que esses conjuntos gênicos (único sentido em que se poderia, mesmo impropriamente, falar de *raça*) nada têm a ver com os desempenhos sociais, intelectuais, entre outros.

Como é ser negro

A essa altura, convido você, professor, a pensar em um aluno negro (ou preto, como se dizia antigamente, ou afrodescendente, como se prefere dizer hoje). Para facilitar, vamos lhe dar um nome: Sebastião.

O que lhe virá à cabeça, primeiro, é alguém de traços *negroides acentuados*: pele escura, cabelos encarapinhados, nariz chato, prognata. Contudo, um indivíduo que apresente todos esses traços, um *tipo médio negro perfeito*, é raríssimo. A maioria combina alguns traços, mas não apresenta outros – pode ser prognata e ter pele escura, mas possui nariz afinado e cabelos lisos –, de forma que nos encontramos diante de uma escala tão graduada de *negros* que se torna impossível *definir o negro*. E tudo isso se complicaria ainda mais se pudéssemos *despir* esse aluno de seu fenótipo (formato externo) e examiná-lo por meio dos testes genéticos supracitados. Sebastião continuaria a ser *negro*?

Talvez você concluísse que ele não é rigorosamente um *representante da raça negra*. No entanto, quando eu lhe convidei a pensar em um aluno *negro*, você não teve dúvida: pensou em Sebastião.

Essa confusão se deve ao fato de a definição de *negro* não é biológica. Ou, antes, só o é parcialmente. Sebastião é considerado negro também porque é descendente de escravos. Atribuir a Sebastião essa parcela de identidade (descender de escravos) não é imediato nem consistente. Então, como ela se dá?

Não causaria estranhamento ver uma instrumentadora cirúrgica negra, nem um menino negro carregando cestas na feira enquanto a patroa branca caminha à frente. Porém, certamente, isso ocorreria se, na hora da operação, lhe surgisse uma cirurgiã negra ou se na feira visse um branco carregando compras para uma mulata.

Isso acontece, basicamente, porque, em geral, os negros são pobres e os brancos não – enfatizo: *em geral*. Mas essas situações se devem também ao fato de que, em nosso subconsciente, negro é sinônimo de trabalhador *braçal* (manual) e branco de trabalhador *liberal* (livre).

Claro que conhecemos negros ricos que são trabalhadores braçais ou que até não trabalham, mas a escravidão durou 4/5 de nossa história e só acabou há cerca de 120 anos. Os defeitos que inconscientemente imputamos aos negros são os que imputávamos aos escravos: lascívia, sujeira, falsidade, burrice, servilismo.

Eu mesmo já fui traído pela associação inconsciente *negro = escravo = trabalhador braçal*. Em um voo para a África Oriental, em Adis Abeba, capital da Etiópia, houve uma troca de tripulação. Apareceu-me no corredor uma aeromoça negra e, em seguida, um comissário negro, despertando-me a curiosidade, pois nunca vira aquilo no Brasil. Então, abriu-se a porta da cabine de comando e descobri que o copiloto também era negro. A curiosidade transformou-se subitamente em pânico quando, a 3 mil metros de altura, vislumbrei o último negro: pilotando o avião! Naquele momento, compreendi imediatamente o que agora tento explicar a você, que me lê: *ser negro* é uma atribuição *parcialmente* biológica e *inconscientemente* histórica.

Tal definição é também sociológica, pois Sebastião carrega o estereótipo do pobre. Individualmente, posso pensar em um aluno pobre e branco, mas a pobreza não é um atributo do conjunto dos brancos. Há, no Brasil, muito mais negros pobres do que brancos pobres, mas a questão não reside exatamente aí. O xis do problema é que a cor é uma barreira a mais na fuga da pobreza – ou seja: a única diferença entre um branco pobre e um negro pobre é que o primeiro não é negro e *tende* a ser beneficiado por isso no mercado de trabalho, nas relações pessoais, nas disputas de prestígio, entre outros exemplos.

Decorre daí o processo vulgarmente chamado de *embranquecimento*. Sebastião, por exemplo, se quiser *embranquecer*, terá dois caminhos: casar-se com uma mulher branca e ter filhos de pele mais clara, que embranquecerão por ele (embora para sua mulher o efeito seja o contrário), ou ficar rico, pois é crença geral que o "dinheiro não tem cor" e "preto rico branco é".

Para definir o que é *ser negro* preciso, ainda, recorrer à cultura. Por mais que a Antropologia tenha avançado e se difundido, poucas são as pessoas – poucos são os professores, inclusive – que possuem uma noção maior do fenômeno cultural. Pensemos nesse fenômeno.

Alguém que ocupa o cargo de presidente da Academia Brasileira de Letras é uma pessoa culta? Claro. Nosso Sebastião, negro, pobre, que por várias razões nunca leu um livro até o fim, é culto? Não.

Essa negativa, porém, só é verdadeira em dois sentidos:

1) na cultura em que quem preside a Academia Brasileira de Letras é um alto expoente, Sebastião é zero;
2) na cultura em que Sebastião eventualmente poderá se tornar culto, ele apenas não teve tempo de o ser (pela pouca idade, entre outros fatores).

O que efetivamente há na sociedade são contextos culturais diversos – é isso o que parecem dizer os antropólogos quando definem o Brasil como "país pluricultural". Contextos culturais que agem como *campos de força* em cujo interior, e só nele, os elementos e os valores fazem sentido – e fazem sentido por contraposição. A começar pelo conceito de cultura: cultura é o que a cultura dominante (das universidades, das academias) diz que é cultura.

Acontece o mesmo com a noção de civilização. Vejamos.

No centro do Rio de Janeiro, a Praça Onze – outrora chamada "Pequena África" – é considerada o berço do samba. Naquela região, em uma pequena vila remanescente do começo do século, morou uma sacerdotisa de Oxalá: tia Carmem. Em 1989, eu a conheci. Aos 109 anos, ainda era lúcida e disposta o bastante – almoçava feijoada e angu – para descrever os pais africanos, a meninice difícil na Bahia, o cativeiro, a vinda para o Rio, o namoro com um alufá (sacerdote muçulmano), a fundação do terreiro, o apogeu e a decadência da Praça Onze. Por seu peji (espécie de oratório) e sua mesa – alguns por sua cama –, desfilaram os intelectuais negros que deram ao Rio de Janeiro sua feição particular: escolas de samba, umbanda, capoeira, futebol de rua, comida, *malandragem,* irreverência, mistura de crenças, cores e sons que um estrangeiro arguto batizou de "sensualidade conservadora". Tia Carmem foi uma mulher *altamente civilizada,* já que nela convergiram, encarnaram-se, culturas diversas e fragmentos de civilizações milenares, que o destino lhe deu oportunidade de elaborar em um século de vida, sempre no centro de acontecimentos decisivos de Salvador e do Rio.

O conceito de *civilização* que me permite escrever isso não é, naturalmente, o convencional. Ao dizer que Sebastião é negro, nós o classificamos mentalmente em determinada cultura. Nossa expectativa é que ele sambe, seja *malandro* e bom de bola, que esteja ligado a algum orixá, entre outras hipóteses – e mais expectativas teríamos se conhecêssemos melhor seu contexto cultural. Se não souber fazer nada disso, ele será visto como um *negro diferente.*

E faríamos esse julgamento sem ao menos conhecer o desenho exato das culturas negras brasileiras, pois elas não nos aparecem isoladas umas das outras. Esses contextos culturais formam para nós um *continuum* e isso permite a Sebastião participar de vários deles ao mesmo tempo – o que também é verdade para um expoente máximo da cultura intelectual, um presidente da Academia Brasileira de Letras, por exemplo.

O que é, enfim, ser negro? Possuir uma identidade parcialmente biológica, *inconscientemente* histórica, *seguramente* sociológica e *imprecisamente* cultural (ou antropológica).

Segundo Malcolm X, o maior líder do movimento negro norte-americano nos anos 1960, que, quando criança, sua mãe, uma mulher de pele clara e cabelos lisos, arranjara um emprego reservado para brancos. Certo dia, houve um problema em casa e o garoto correu até o local de trabalho dela. No dia seguinte, sua mãe foi despedida porque, tendo um filho negro, quase certamente pertencia à *raça negra*.

No Brasil atual, esse incidente é inimaginável, porque aqui:

1) não há segregação legal ou formal;
2) a discriminação se faz, em geral, com base *na cor da pele* e não *na raça*.

Essa peculiaridade de nossas relações raciais engendra outra: grande parte da população, talvez a maioria, se *autoclassifica* como quer. Em 1976, um censo realizado no país obteve para questão: "Qual é a sua cor?" mais de cem respostas como jambo, marronzinho, lusco-fusco, "cor de burro quando foge". Declararam-se negros apenas 6% da população. Podemos concluir, então, que não gostamos de ser negros e que, diferentemente do que acontece nos Estados Unidos, o *que se pensa ser* integra a classificação *racial*.

Nosso Sebastião pertencerá à *raça* que quiser, a não ser que a cor de sua pele seja *inquestionavelmente* negra. É claro que terá influência também o que *os outros acham que ele é*. Isso significa que no Brasil, em certa medida, a cor é eletiva e nisso reside a singularidade da nossa "democracia racial".

Nessa "democracia" em que a etnia se confunde com a cor da pele e é eletiva, *ser negro é ter a pele escura, ser pobre, ser considerado inferior moral e/ou intelectualmente por descender de escravos, ter uma cultura "festiva"* (chamemos assim) e, por fim, *se ver e ser visto como tal*.

Por que tratar da questão do negro em sala de aula?

Esclarecidas certas noções, podemos discutir melhor essa questão.

O *choque de civilizações* em curso no Brasil iniciou-se no momento em que diversos povos e culturas (alguns em si mesmo civilizados) se encontraram aqui. No entanto, o que infelizmente ainda se ensina em diversas escolas sob o nome de História do Brasil é a crônica patriótica da vitória dos europeus sobre os povos americanos e africanos.

Cada um desses povos – ou cada grupo deles – tem a própria maneira de resolver os problemas humanos. O primeiro desses problemas, como acreditava Lévi-Strauss (antropólogo estruturalista que estudou diversos povos indígenas) é: *como viver juntos.*

Ignorar e rejeitar as maneiras singulares de cada povo empobrece nossa civilização. E, curiosamente, uma boa definição para civilização seria: oportunidade rara de *encontro de culturas*, orquestração excepcional em que um número considerável de instrumentos tem tempo de ser ouvido.

Desconhecer Sebastião ou, pior, tomá-lo como um pote vazio é injusto com ele e prejudicial à civilização brasileira. Se temos graça para os estrangeiros não é porque somos europeus tropicalizados, mas porque somos uma terra de *gentios* e *etíopes* (como se dizia na Colônia) que, lutando pela vida – na maior parte do tempo de extrema penúria –, sobreviveram e criaram beleza. Sebastiões.

Tratar da questão do negro em sala de aula tem por objetivo *expor, deixar transparentes aspectos* e *alternativas recalcados* da civilização brasileira. Sem falar, naturalmente, das demais razões ventiladas nesta *conversa prévia.*

2.
Como tratar da questão do negro em sala de aula

No capítulo anterior, abordei algumas razões pelas quais devemos tratar da questão do negro em sala de aula (e espero ter desfeito ideias errôneas e preconceitos comuns entre nós). Neste capítulo, quero mostrar um exemplo de como fazê-lo.

Dez súmulas de história e cultura negras

I) Os africanos (A)

1) O mapa da África – os estereótipos sobre a África – a geografia: clima, subsolo, comércio, vida urbana – países atuais

Os brasileiros não estão habituados a olhar o mapa da África. Se você, professor, começar a apresentá-lo, mostrando os países, os grandes rios, as regiões naturais e as riquezas do subsolo, descrevendo o clima e a população, de súbito cairão alguns clichês. O "clima abrasador", o "continente inóspito", a "selva impenetrável", os "gorilas imensos", a "infernal mosca tsé-tsé", os "rios repletos de jacarés", as "aldeias de homens broncos que se comunicam por tambores" e muitos outros estereótipos de filmes de Tarzan darão lugar a uma visão correta da África.

A selva (menos de 20%) e o deserto (cerca de 30%) não chegam à metade da superfície africana (30 milhões de quilômetros quadrados). Comparando com outros continentes, as áreas efetivamente inabitáveis são desprezíveis – a rigor, não há na África nenhuma região deserta de homens.

O clima é o mais uniforme do planeta, com temperaturas médias anuais sempre superiores a 20 °C, sendo as variações sazonais pequenas e abruptas apenas as oscilações diárias.

O subsolo africano é altamente mineralizado, contendo cobre, rádio, cobalto, diamantes, platina, cromo, bauxita, ouro e ferro – os dois últimos serviram de alavanca ao desenvolvimento histórico do continente.

Com um bom mapa (veja bibliografia), pode-se desmentir a imagem de "africanos passivos em cabanas escuras", mostrando o local de cidades, recentes ou antiquíssimas, e as zonas climáticas complementares que estimularam, há milhares de anos, as trocas comerciais. Às vésperas da chegada dos europeus à África, Timbuctu tinha cem mil habitantes; Gao, sobre Níger, sessenta mil habitantes, universidade e centro comercial organizado.

Pode-se, enfim, apresentar os países atuais (África do Sul, Mali, Mauritânia, Moçambique, Ruanda, Senegal, entre outros). O material sobre a África (fotos, livros de arte, impressos de turismo, vídeos) é abundante e, caso a escola não conte com nenhum (problema que talvez possa ser sanado com reinvindicações do professor), pode-se recorrer a embaixadas ou consulados desses países, em geral bastante interessados na difusão de informações.

2) Diversidade dos povos africanos – negritude – negro-africanos e negro-brasileiros

A maioria de nossos alunos tende a pensar a África como um bloco. Cabe ao professor, desde o início, mostrar o contrário, falar da diversidade desse continente e de seus habitantes.

Aproximadamente 1.250 línguas diferentes são faladas na África – dependendo do critério, esse número pode subir para 2.050. Muitos africanos falam mais de uma língua: uma de casa, outra dos vizinhos e um terceiro idioma de ligação, como o jalofo (Senegal), o canúri (Lago Chade), o suaíli (costa do Índico), o mandinga e o hauçá. Idiomas de ligação (línguas francas) vieram também de outras partes do mundo: o inglês, o francês, o português e o espanhol.

Para abordar a diversidade africana, é importante lembrar que existe a África não negra; para mostrar que mesmo os negros são bastante diversos entre si, pode-se adotar diferentes critérios de classificação.

Um deles é o grupamento linguístico:

- *khoisan* (hotentotes e bosquímanos);
- *tuá* (pigmeu);
- guineense;
- banto;
- hamita (ou busquita ou etiópico);
- nilótico;
- nilo-hamita.

Outra opção é adotar uma divisão segundo as regiões naturais. Ao sul do Saara, a África negra seria constituída por:

- **África Central**: Camarões, Chade, República Centro-Africana, Guiné Equatorial, Gabão, Congo-Brazzaville, República Democrática do Congo, Angola, São Tomé e Príncipe.
- **África Meridional**: Namíbia, Botsuana, África do Sul, Lesoto, Suazilândia.
- **África Ocidental**: Mauritânia, Senegal, Gâmbia, Mali, Guiné, Guiné-Bissau, Serra Leoa, Libéria, Costa do Marfim, Burkina Faso, Gana, Togo, Benim, Nigéria, Níger, Cabo Verde e Santa Helena.
- **África Oriental**: Sudão do Sul, Etiópia, Somália, Quênia, Uganda, Ruanda, Burundi, Tanzânia, Maláui, Zimbabue, Comores, Djibouti, Eritreia, Maurício, Maiote, Reunião, Seicheles, Zâmbia Moçambique, Madagascar.

Depois de abordar a diversidade negra na África, pode-se passar a perguntas como: O que têm os negro-africanos em comum? Há uma *maneira negro-africana* de estar no mundo, de se sentir nele, de se relacionar com ele e com os outros humanos? Existe uma africanidade?

O nível da abordagem da africanidade (que alguns chamam negritude) poderá ser elementar ou complexo, dependendo da classe. Em um curso universitário, por exemplo, pode-se cotejar criticamente textos de Franz Fanon, de Abdias Nascimento, de Leopoldo Senghor, de Dalmas, Nkrumah e de outros pensadores (veja bibliografia). Nos Ensinos Fundamental e Médio, pode-se trabalhar com entrevistas de artistas como Gilberto Gil, Nei Lopes, Bob Marley, compositores baianos de afoxé, blocos afros e outros, combinadas a informações que as esclareçam.

Outro viés sobre a africanidade que pode ser explorado é discutir em que medida os *negro-brasileiros* são africanos ou, em outros termos, em que medida eles são, de fato, afrodescendentes? Também aqui o nível da classe determinará a amplitude da discussão – discussão que, no entanto, dificilmente poderá chegar a uma conclusão, pois sobre esse assunto só podemos nos pautar em especulações relativamente firmadas na observação e na massa de informações reunidas pelas disciplinas afins nas últimas décadas. De qualquer forma, não deve ser difícil para um adolescente compreender a *continuidade* histórica, cultural, religiosa, artística e de "hábitos e costumes" entre africanos e brasileiros, nem a *descontinuidade* produzida por quinhentos anos de uma separação considerável.

No Ensino Superior, podem ser discutidas as categorias complexas de *diáspora negra, pan-africanismo, ancestralidade*, entre outras. Em qualquer nível, no entanto, o assunto será o parentesco, passado e futuro, entre *negro-africanos* e *negro-brasileiros*.

II) Os africanos (B)

> *1) Eva era negra – a Idade do Ferro na África – as migrações e os reinos bantos – civilização egípcia – os reinos do Sudão: Gana, Mali, Songai, Kanem-Bornu – os povos sem Estado*

Nas últimas décadas, as conclusões de paleólogos, biólogos e geneticistas coincidem em um ponto: o *Homo sapiens* – nós – começou com um pequeno número de antropoides na África Oriental (Etiópia e Quênia), há cerca de duzentos mil anos, e depois se espalhou pela Europa e Ásia. Então, temos base científica para imaginar que descendemos todos de uma Eva negra (veja bibliografia).

Parece também certo que, de modo diferente dos outros continentes, os africanos saltaram direto do Neolítico para a Idade do Ferro. Por volta de 800 a.C., a metalurgia do ferro já servia de base no Reino de Cuche, Núbia, núcleo político da vigorosa civilização de Meroé. Os bantos, designação genérica dos povos que irradiaram do centro do continente para o sul, o leste e o oeste no início do primeiro milênio, sempre foram exímios trabalhadores do ferro, até que no século XVI se abatesse sobre eles o tráfico negreiro.

Sobre o domínio sobre o ferro, os negro-africanos possuem algumas boas histórias que podem ser exploradas em sala de aula. Por exemplo: conta uma lenda Kikuyu que Mogai, o Criador, distribuíra os animais entre os homens e as mulheres. As mulheres eram cruéis com os delas e, por isso, eles fugiam a toda hora, tornando-se selvagens. Então, os homens pediram a Mogai uma faca que não fosse de madeira. Assim, eles lhe sacrificariam um cordeiro sem crueldade, ao contrário do que faziam as mulheres. Mogai felicitou-os pela sabedoria e ensinou-lhes a fundir o ferro. Forja, em idioma fon, é também a palavra que designa o ovo primordial, a primeira forja sagrada de onde saiu todo o Universo.

Sobre a civilização egípcia, pode-se explorar um aspecto pouco lembrado. Aquele povo se autodenominava *khen* (negros). A maioria de seus ancestrais "desceram", durante milhares de anos, de Uganda (a oeste) e de Ponto (a leste), além do Mar Vermelho, empurrados por abruptas mudanças climáticas, o que era frequente na Antiguidade. E foi assim que traços negroides marcaram visivelmente muitas das famosas esculturas egípcias, como as dos faraós Tutmés III. Seguramente Djoser (cerca de 2800 a.C.) e Quéfren (cerca de 2600 a.C.) foram negros. As principais dinastias – pelo menos a 25ª – eram núbias. A Núbia era uma região de população negra do Médio e Alto Nilo, de onde vieram muitos elementos da civilização egípcia e para onde o Egito se voltava quando estava em perigo. Certamente, essa civilização – berço da primeira língua a se codificar em escrita, de famosas ideologias, organizações, políticas e formas artísticas – está mais próxima da civilização negro-africana que qualquer outra do mundo.

Essa provável negritude da civilização egípcia foi motivo de longo, e por vezes áspero, debate entre africanistas. Para uns, seriam definitivas as evidências de que a civilização egípcia foi criada a partir de negros; para outros, ainda que o fosse, os negros egípcios pouco teriam a ver com os negros modernos (africanos, americanos, brasileiros). Além disso, esses últimos argumentam que a pele escura dos egípcios antigos não os classificaria como negros, uma identidade historicamente construída quando o Egito dos faraós há muito desaparecera – sem mencionar que a *raça* de uma sociedade nada explica de seus méritos e defeitos, como já falei aqui. "A razão dá-se a quem tem", diz o antigo ditado nordestino. São bons os argumentos contrários à *racialização* do Egito, mas a insistência nessa hipótese ajudou a desmistificar a crença comum de que civilizações são sempre brancas e eurocêntricas.

Uma câmera que vasculhasse a África no século X certamente se deteria em Gana, entre as nascentes dos rios Senegal e Níger (não confundir com o atual país de Gana). Primeiro Estado negro revelado com bastante precisão pela arqueologia, Gana e sua capital, Kumbi Saleh, liquidou a ideia colonialista do *africano bárbaro*. Em seguida, vieram os reinos do Mali (e seu mítico fundador Sundiata Quieta); Songai e Kanem-Bornu (entre os anos 1000 e cerca de 1600) e suas cidades esplêndidas: Gao, Djené, Timbuctu, Niani e Qualata, entre outras.

Porém, a maior parte dos africanos vivia em minúsculos povoados imemoriais, cujos limites estavam em morros, rios, dobras da floresta. Essas aldeias – *tribos,* na expressão europeia carregada de preconceito – formavam redes, cujos fios eram o parentesco, a lealdade, a origem porventura comum. Eficientemente governadas, mesmo sem governo central, realeza, burocracia ou algo parecido.

Grosso modo, existiram duas Áfricas contrastantes: uma de reinos e cidades, outra de comunidades rurais. A primeira, às vésperas da chegada dos portugueses ao Brasil, era em geral muçulmana; a segunda, animista.

Esse é um filme surpreendente e fascinante que você, professor, pode exibir a seus alunos. Nessas histórias, há um abundante material para compor o filme que se quiser: o bairro de ferreiros que nunca dormem, de Kumbi Saleh, os faraós negros, a vida da aldeia que desliza feito um rio manso entre baobás...

> *2) A chegada dos europeus – a penetração e a conquista – o país iorubá – Benim – Angola – Moçambique*

No item anterior, acompanhamos a história – diferente da oficial, que apresenta a Europa olimpicamente, conduzindo-a ao encontro de negros e índios dóceis – dos africanos até eles receberem os navegadores europeus, na metade do século XV. Esse fato espantoso para os dois lados. Não é fácil, mesmo para os especialistas, explicar por que a Europa dominou a África, a América e a Ásia quando as encontrou. Os meios de produção europeus apresentavam, *em geral*, uma pequena vantagem (africanos, por exemplo, não usavam arado nem roda), mas em todos os continentes a produtividade correspondia às necessidades básicas de suas populações. Seguramente, foram os meios de transporte que colocaram a Europa na dianteira do mundo, que os fizeram chegar à África, à Ásia e à América. Os meios de transporte (o que quer dizer *comunicação)* e, sobretudo, os meios de destruir.

A penetração, a instalação e, em seguida, a conquista da costa africana ocidental e da contracosta pelos europeus – portugueses à frente – deram provas de que a admiração e o respeito iniciais, aos poucos, se transformaram em complexo de superioridade e acabaram por se fixar na cor da pele. Nasceu aí o moderno racismo antinegro.

Ilustram esse caminho as histórias dos reinos de Benim (cujas esculturas ainda hoje nos deslumbram), Congo (ao qual pertencia a futura Angola) e Moçambique, que se tornaram vassalos de Portugal. Todavia, o encontro com os europeus deu novos rumos à história e à cultura de muitos outros povos da africanos – indiretamente, alterou a história de todos eles.

III) Tráfico negreiro

> *1) Quem, como e por que se fazia – o embarque na África – o mercado de escravos no Brasil*

Em geral, o que se tem em mente é o clichê do traficante armado de laço à espreita atrás de uma árvore. Isso acontecia, mas não era nem de longe a principal modalidade do tráfico negreiro. Grupos europeus predadores de negros só foram comuns no início (século XV) e no fim (segunda metade do século XIX).

O tráfico moderno foi um negócio muitíssimo bem organizado, envolvendo diversos interesses e protagonistas – acionistas, administradores, fornecedores de provisões, capitães, marujos, agentes, entre outros. (do lado europeu); *pombeiros* (agenciadores nativos), mercadores, sobas, entre outros. (do lado africano). De posse desses elementos históricos, pode-se fazer uma viagem imaginária de Liverpool, na Inglaterra, até Lagos, na atual Nigéria, e daí até Salvador, no Brasil, retornando a um ponto europeu. Esse é um exemplo do chamado *comércio triangular,* que gerava um lucro altíssimo, já que os navios nunca zarpavam vazios: na Inglaterra, embarcavam *carregações* (artigos para vender na África); na Nigéria (ou qualquer outro ponto), embarcavam escravos; e, no Brasil, açúcar ou fumo. As pontas desse triângulo podiam variar (Benim, Barbados, França, por exemplo), mas sua base era sempre uma linha atravessando o Atlântico, reconhecível (se dizia) pelo fedor característico dos navios negreiros, também chamados *tumbeiros.*

Quanto aos motivos (ou causas) do tráfico negreiro – uma vez descartada a informação pueril de que a "lavoura brasileira precisava de braços e o índio não se adaptou à escravidão" –, eles devem ser procurados na lógica interna do sistema: o tráfico precedendo a escravidão colonial, e não o contrário; a necessidade de moeda viva para adquirir a produção colonial; o comércio triangular; o processo de acumulação primitiva de capital, entre outros exemplos: é essa racionalidade capitalista do negócio, e não a desumanidade dos traficantes em si, que explica a extrema crueldade do tráfico. Ele era um negócio como qualquer outro e não se perdia o sono ao tomá-lo como meio de vida.

Mesmo o interior imundo de um navio negreiro – pasta de mênstruo, fezes, vômito e suor – pode ser visitado em imaginação: o embarque em Cape Coast, Ajudá, Elmina, Gorée; o desembarque e os leilões em Salvador, Valongo, Rio de Janeiro... As abundantes crônica e iconografia do tráfico possibilitam essas viagens (veja bibliografia).

IV) Rebeldia negra (A)

1) Caráter universal da rebeldia negra – a rainha Ginga – forma de rebeldia individual – formas coletivas – quilombo

A história do negro na África, durante a travessia pelo Atlântico e pela América, é de rebeldia permanente.

Africanos especializados em capturar africanos para vender enfrentaram, durante séculos, a resistência de aldeias e de reinos – mais daquelas do que destes – à escravização, resistência por meio de fuga, luta armada, suicídio. Um bom exemplo é a história da lendária rainha Ginga (ou Nzinga), de um Estado vassalo do Congo, que mais tarde se tornaria parte de Angola, resistindo dezenas de anos à conquista portuguesa, entre avanços e recuos. Até porque a maioria dos negros brasileiros descende de seus compatriotas (O Quilombo de Palmares autodenominava-se Angola Janga, Angola Pequena).

Rebeliões em negreiros também eram comuns, apesar da constrição física e da distância linguística entre os cativos.

A rebeldia prosseguia aqui. No cotidiano, esta se manifestava em fugas, abortos, suicídios, crimes contra feitores ou familiares do senhor, "mandinga" (feitiço), sabotagem do trabalho, roubo, entre outras formas de resistência. Manifestava-se também em ocasiões e circunstâncias que a pesquisa histórica desvela a cada dia, na formação de quilombos, universais no Brasil (do Rio Grande à selva amazônica) e na América (dos Estados Unidos ao Uruguai).

Os quilombos foram, durante toda a Colônia, o que chamamos hoje *problema de segurança nacional*. Fazer uma súmula didática do que sabemos sobre eles hoje, especialmente sobre Palmares, pode explicar o funcionamento do modo de produção (sistema econômico) escravista colonial, dispensando as explicações convencionais (capitanias hereditárias e sesmarias) tão ineficazes quanto tediosas. Isso porque os quilombos podem ser vistos como a negação, em forma embrionária, daquele sistema: ilhas de policultura, trabalho livre, posse útil da terra, autogoverno, democracia racial, entre outras denominações.

V) Palmares

1) Ponto máximo da rebeldia negra na América – significado atual – destruição do mito colonialista do negro boçal e passivo – Estado e sociedade palmarinos – Zumbi

Foi no Quilombo de Palmares (aproximadamente entre 1597 e 1697) que a rebeldia negra atingiu, na América, seu ponto máximo: por sua duração (cerca de 1/5 da história brasileira), pela população aquilombada (aproximadamente 30 mil em seu apogeu), pelo embate militar (a mais longa das nossas guerras civis) e, enfim, pelo significado ideológico que assumiu nos anos recentes ao ser tomado pelos movimentos negros e democráticos como principal exemplo de luta pela liberdade do país.

O conhecimento sobre Palmares avançou rapidamente a partir da década de 1970 (veja bibliografia), liquidando o mito do negro boçal e passivo (o efeito foi o mesmo que a descoberta arqueológica de Gana teve sobre a visão colonialista do africano).

Em cotejo com a realidade colonial, os povoados (quilombos) de Palmares parecem prósperos e bem resolvidos em termos de urbanização; o Estado palmarino, menos opressivo; o exército, mais eficiente. Seus chefes principais, Ganga Zumba e Zumbi, foram incomparáveis como estrategistas e marechais de campo.

Zumbi emergiu como grande herói étnico, em um país que tradicionalmente os recalca para elevar somente os da classe dirigente e da cultura hegemônica. Nasceu livre em Palmares, foi dado como presente a um padre, foi coroinha, aprendeu as primeiras letras, fugiu adolescente para Palmares, galgou posições de mando (chefe de quilombo, comandante de armas, chefe principal) e guerreou por quase quarenta anos contra o exército colonial. Sempre vitorioso, recusou todas as propostas de acordo até sucumbir à traição quando reorganizava seu exército.

VI) Rebeldia negra (B)

1) Rebeliões negras – o negro nas rebeliões de outros

Há, na História do Brasil, um colar de rebeliões negras (como também de índios) insuficientemente estudadas pela historiografia oficial e quase ignoradas pela literatura didática.

Sobre algumas, entretanto, possuímos razoáveis informações, como as denominadas Rebeliões Malês, na Bahia, entre 1808 e 1835). Essas revoltas foram exemplares: negros sudaneses (hauçás, iorubás, mandingas, entre outras), escravos e libertos, muçulmanos e animistas, letrados e analfabetos, superaram suas divergências e tentaram a tomada do poder. À derrota seguiram-se repressão violenta e deportação para a África, bem como a quase liquidação do islamismo no Brasil.

Na Conjuração dos Alfaiates, na Bahia, em 1789, quatro negros acabaram enforcados por tentarem implicar "ideias francesas" em seu conflito com a sociedade colonial-escravista. Possuíam personalidades diferentes e expectativas divergentes quanto à revolução e ao mundo dos brancos. Seu processo e o pouco de suas vidas que os documentos da repressão deixam entrever são uma reportagem dramática sobre os negros urbanos de duzentos anos atrás.

O negro (cativo ou forro) participava de levantes e conjurações que, não sendo suas na origem, se radicalizavam com sua entrada. Foi o caso da Guerra dos Mascates (1709-1710); da Guerra de Independência, na Bahia (1822-1823); da Cabanagem, no Pará (1835); e, sobretudo, da Balaiada, no Maranhão (1838-1841). Todos esses movimentos indicaram de modo claro, mormente em seus desfechos, as barreiras entre negros (escravos ou libertos) e brasileiros brancos (conservadores ou revolucionários).

VII) A sociedade escravista

1) Ser escravo no Brasil – negros forros – violência da escravidão – testemunho dos viajantes estrangeiros – a sociedade escravista na literatura

Um panorama da escravidão brasileira deve começar pelas maneiras de ser escravo aqui durante os quase quatrocentos anos em que esse regime vigorou: escravo na roça, na cidade, na mineração, no engenho, no curral, na selva e à beira-mar; escravo do eito, de ganho, doméstico; boçal, ladino e crioulo... Maneiras distintas de ser a mesma coisa, mistério quase tão grande quanto o da Santíssima Trindade.

O que era, *essencialmente*, ser escravo? Pertencer a outro, como pertencem um boi ou um móvel. Esse *não ser dono sequer do espaço do seu próprio corpo* é herança pesadíssima que o negro carrega. O negro e a sociedade brasileira como um todo, pois não há como desvincular desse antecedente a naturalidade com que os brasileiros ainda hoje aceitam a tortura policial. Negro é como se fosse outro nome para a criatura que se pode humilhar, maltratar, torturar, entre outros exemplos.

A partir do século XVIII, houve nas principais cidades brasileiras um bom número de negros livres, embrião de classe média abortado na passagem do século XIX para o XX. Alguns, inclusive, possuíam escravos. Como era sua vida e como podemos supor que fossem suas ideias e seus sentimentos?

Há outras perguntas: a escravidão brasileira, ao contrário da norte-americana, foi suave? A cordialidade das nossas relações escravistas não explicaria a intensa miscigenação e, na atualidade, a ausência de preconceito contra o negro no Brasil?

Já disse aqui que a tarefa do professor é quebrar o senso comum de que, em geral, os jovens alunos chegam imbuídos. Perguntas como essas resultam de uma ideia vulgar, desinformada, sobre o funcionamento do escravismo. Como substituí-las por outras mais profundas e objetivas?

Um recurso são os abundantes relatos de estrangeiros que andaram por aqui, em missão científica ou política, comercial ou simplesmente *turística,* a partir do século XVIII. Charles Expilly, Charles Darwin, Saint-Hilaire, Maria Graham. Ou, em tempo mais antigo, Blaer, Eckhout.

Outra maneira de apresentar a escravidão aos alunos, não a escravidão abstrata, puro sistema econômico ou jogo de contradição, é se valer de textos literários e da iconografia, insubstituíveis porque seu objeto são precisamente as relações pessoais e familiares. Manuel Antônio de Almeida (1831-1861), José de Alencar (1829-1877), sobretudo em *O demônio familiar;* Aluísio Azevedo (1857-1913), Rugendas. Ou, retrocedendo um pouco mais: Gregório de Matos (1633-1696) (veja bibliografia).

VIII) Abolição

1) Papel dos escravos na Abolição – decolagem do capitalismo brasileiro – leis abolicionistas – os abolicionistas – Abolição e República

Poucos assuntos foram tão passados a limpo nos últimos anos como esse. Não se pode mais ensinar que os escravos receberam a Abolição como um presente – sincero ou de grego, não importa – da Princesa Isabel. Foram a rebeldia sistemática e a agitação crescente da massa escrava que acabaram por quebrar a solidariedade interna da classe dirigente, ao atingirem o limite do que hoje chamaríamos *segurança nacional*. Foi isso que isolou os escravocratas "da gema" e deu condições para a ação organizada dos líderes abolicionistas.

Nem mesmo a antiga tese economicista de que a "escravidão acabou porque, àquela altura, os escravos estavam dando prejuízo" tem comprovação factual. Escravos deram lucro até o fim da escravidão, coexistindo com assalariados, lado a lado, em fábricas e empresas agrícolas, na etapa de decolagem de nosso capitalismo (entre 1850 e 1870) – um capitalismo tardio, obrigado a colonizar partes do próprio país como se fossem outros e a preservar formas pré-capitalistas de trabalho. Daí a variedade das nossas formas de transição para o trabalho livre, ilustradas por São Paulo (passagem de progresso) e pelo Maranhão (passagem de atraso).

No plano político, devemos acompanhar o crescimento da campanha abolicionista, do fim do tráfico negreiro, em 1850, até o 13 de maio de 1888. Os momentos decisivos foram, naturalmente, os das "leis abolicionistas" (1871 e 1885), muito citadas mas pouco conhecidas – seu caráter *progressista*, aliás, se desfaz à simples leitura. (Quando estudante, participei de um debate simulado sobre a Lei do Ventre Livre, promulgada em 1871, um aluno interpretou José de Alencar, outro o Visconde de Rio Branco (1819-1880) e assim por diante. Penso que essa ainda continua sendo uma maneira interessante de aprender.)

Quanto às lideranças, a atenção hoje se deslocou dos Patrocínios e Nabucos para os Caifazes de Antônio Bento, o jangadeiro Francisco do Nascimento (1813-1898), o Dragão do Mar (1839-1914), Luís Gama (1830-1882), André Rebouças (1838-1898) e outros reformistas, em geral, republicanos e entusiastas da pressão de massas.

Enfim, é preciso associar, como tendem hoje os estudiosos, Abolição e queda da Monarquia, contextualizando-as. A Abolição, com efeito, não passou de um capítulo da modernização do Brasil. A forma como ela foi concebida e executada por nossa classe política trouxe frustração à esquerda da época, mas se encaixava perfeitamente num projeto *liberal* de nação brasileira. *Outra* abolição teria gerado *outro* Brasil.

Pós-centenário da Abolição

Nosso conhecimento específico sobre o negro é ainda limitado, embora, nas últimas décadas, tenham-se acumulado nas universidades e fora delas, aqui e no exterior, diversos bons estudos de história, antropologia, sociologia, literatura e até economia. Sintomaticamente, conhecemos melhor seu passado do que sua atualidade, sabemos mais do negro dos estados mais desenvolvidos ou onde teve presença ostensiva.

Se o professor quiser tratar do negro na atualidade, contará com textos genéricos (por exemplo, O *negro, de bom escravo a mau cidadão?*, de Clóvis Moura) ou, paradoxalmente, muito específicos (como o de Pierre-Michel Fontaine sobre o peso da cor nas empresas multinacionais). Textos *genéricos* e *específicos*, inclusive no sentido geográfico. (Veja bibliografia.)

A literatura *fala* tanto ou melhor do que a ciência social. No romance *Recordações do escrivão Isaías Caminha*, de Lima Barreto (1881 -1922), um rapaz negro do interior do Estado do Rio de Janeiro vai tentar a vida na capital. Isaías julga-se bonito e inteligente, mas não faz amizades nem arranja emprego, embora munido de cartas de apresentação. Faz um desabafo lúgubre quando descobre a barreira do preconceito contra o negro: "Decaí de mim mesmo" (Veja bibliografia).

Há algumas hipóteses talvez válidas para todo o país. Uma: *Apesar da intensa miscigenação e das trocas culturais, o negro brasileiro continua diferenciado do não negro. Outra: O motor da diferenciação é o racismo, operando, basicamente, de duas maneiras – pela discriminação no mercado de trabalho e pelo complexo de superioridade/inferioridade.*

Em algum lugar do país esses dois mecanismos não funcionam? Não, eles são universais no Brasil. Tanto que as mensurações e as análises, invariavelmente, concluem que há *marginalização* do negro após a Abolição, que houve a passagem de escravo – como lugar fixo e imprescindível – a *exército industrial de reserva* e não cidadão.

No entanto, essa marginalização percorreu caminhos diferentes em cada região, estabilizando-se em variados padrões de relações raciais, até a década de 1930, quando começou a se alterar. Nossa ignorância reside precisamente aí: Quais caminhos? Quais padrões? É preciso confessar que conhecemos razoavelmente bem apenas os casos de São Paulo e do Rio de Janeiro.

Então, cabe aos alunos, a partir da hipótese geral e guiados pelo professor, *produzir* e/ou *sistematizar* o conhecimento do processo regional de passagem da escravidão para o trabalho livre e de estabilização das relações raciais. Não caberia, pois, indicar, nesta súmula, os fatos e as circunstâncias de São Paulo e Rio de Janeiro. Até o final do Segundo Reinado (1889), a generalização cuidadosa da história e da cultura do negro será ainda possível; a partir daí, é um ponto cego e de pouca utilidade. Preferi, por isso, apresentar um guia de pesquisas capaz de revelar a especificidade dos processos regionais, aplicável a qualquer região e, naturalmente, adaptável aos diferentes graus em que se divide nosso Ensino.

IX) Pós-centenário da Abolição (A)

1) A transição abolicionista regional – festejos de 13 de maio – para que serviam os ex-escravos – em busca de respostas locais – o negro como organizador – a "cultura de festa" – imagem e estereótipos do negro – religião e resistência

Deve-se começar pela reconstituição da campanha abolicionista local – medir, por comparação, sua intensidade e verificar suas divergências internas. Nada indica que a concepção do processo abolicionista fosse consensual. A atribuição de consenso é um vício arraigado da história conservadora e patriótica: como um manto, ela encobre as razões dos vencidos.

O problema do regime político, o tema do *processo econômico*, a que hoje chamamos desenvolvimento – tudo isso apareceu, em grau variável, nas campanhas abolicionistas de todo o país. Como também a discordância entre os partidários da participação organizada dos escravos e os que queriam circunscrever a campanha à classe política. Argumentavam estes, em geral, que a entrada dos maiores interessados na campanha poria em risco a própria ordem social.

Os festejos do 13 de maio ocorreram com entusiasmo em todo país. Quem festejou e como? Sobre o Rio de Janeiro, Salvador, São Paulo, o Recife e São Luís, estamos muito bem informados por crônicas de jornal (algumas publicadas, depois, em livros). E pela *história oral*. Utilizar essas duas fontes para a história do 13 de maio local e/ou estadual pode ser trabalhoso, mas não é de todo difícil.

Terminada essa festa, o que aconteceu com o negro?

A resposta é genérica: foi marginalizado. O conceito de *marginalização*, contudo, é enganador, pois ninguém está realmente à margem da sociedade. (*Marginalização* pode ser aceita como sinônimo de pobreza: à margem do conforto, da riqueza, entre outros significados). Os ex-escravos, marcados pela cor, cumpriram, após a Abolição, uma função social: *servir* de alguma maneira para alguma coisa. Para quê? Mais uma vez, só há resposta genérica, deduzida dos casos de algumas capitais e de uma ou outra região.

Poderíamos tomar a pergunta *"Para que serviriam os negros após a Abolição?"* como pista para uma investigação. Pode-se argumentar que, no Ensino Médio, dificilmente pode-se incentivar os alunos para a realização dessa pesquisa. Contudo, o melhor documento são as próprias pessoas: esses alunos são negros cujos bisavós ou trisavós eram adolescentes quando a Princesa Isabel assinou a Lei n. 3.355. A técnica natural, neste caso, é a *história de vida*, quase sempre estimulante.

O negro no Brasil foi, antes de tudo, um organizador – quilombos, caixas de alforrias, irmandades, confrarias, corporações, sociedades secretas, comunidades de terreiro, folias, entidades carnavalescas, imprensa antirracista, centros de pesquisa, clubes de recreação, entre outros. Entidades de negros (apesar de acusadas de "racismo pelo avesso") resultaram quase de um instinto de defesa contra a coisificação e o dilaceramento da personalidade do ex-escravo.

Esses grupos negros organizados proliferaram nos anos pós-Abolição. Aqui, mais uma vez cabe perguntar-se: *Como foi em minha região? Em meu estado ou minha cidade?*

Outra função está no que ficou conhecido como "cultura de festa". Em toda parte, negros sempre parecem dispostos a cantar e a dançar. Antes: fazem isso inesperadamente e sem controle. Uma hipótese é a de que a Abolição lhes deu a posse de seu próprio corpo e eles o assumiram *apaixonantemente* – Muniz Sodré, por exemplo, chamou o samba de o "dono do corpo" (veja bibliografia).

Pois bem, essa "cultura de festa" teria dificultado a integração do negro à sociedade de classes que se constituiu no Brasil a partir de 1900 (ou um pouco antes). Um portador de "cultura de festa" seria, por definição, um mau trabalhador assalariado e, por essa e outras razões, os ex-escravos foram preteridos, a favor dos imigrantes, no mercado de trabalho em crescimento.

E isso tudo tem fundamento? Há de fato uma "cultura de festa", mas a exclusão do negro das fábricas e das lojas, dos bancos, dos negócios e do funcionalismo público após a Abolição se deve principalmente ao preconceito que o identificava como escravo (boçal, passivo, pouco inteligente, entre outros adjetivos). Por outro lado, o desenvolvimento capitalista, tendendo às unidades fabris, à simbiose com o capital financeiro e à sofisticação tecnológica, esmagou a multidão de pequenos negócios controlados pelos negros forros de nossas cidades. Essa é uma maneira mais realista de explicar a "marginalização" do negro nos anos após a Abolição.

Dessas considerações pode-se extrair, pelo menos, três temas para uma pesquisa regional:

• Como se manifestou regionalmente a "cultura de festa" (entidades, eventos, comportamento social dos negros, entre outros)?

• Qual é a imagem regional do negro (representação nas artes, no folclore e na literatura; estereótipos, entre outros)?

• Quais foram as mudanças, após a Abolição, na situação econômico-social de negros urbanos regionais (emprego, prestígio, mobilidade social, entre outros)?

Finalmente, abordarei um tema especialmente complexo: a religião do negro. Esse assunto pode ser tratado em qualquer capítulo da história e da cultura do negro. No pós-Abolição, quando forem pesquisadas suas circunstâncias e os padrões em que se estabilizaram as relações raciais, em nível regional, deve-se tratar a religião como *estratégia de sobrevivência* – conjunto de recursos utilizados pelo negro para evitar a desintegração de sua personalidade. Vejamos, a título de exemplo, o que se deu, em linhas gerais, no Rio de Janeiro e em São Paulo.

Os diversos cultos trazidos pelos africanos – entre eles, o culto aos orixás, os vodus e a religião islâmica – foram de tal modo modificados pela repressão e por outras circunstâncias da escravidão que se amalgamaram no que comumente chamamos de *macumba*. Em seguida, o amálgama da macumba com o kardecismo, de origem europeia, e com fragmentos de cultos e rituais indígenas gerou, por um lado, a umbanda e, por outro, a quimbanda (culto a Exu, identificado com o diabo), *macumbeiro* e a *rezadeira* – espécie de guerrilheiros místicos, isolados e temíveis. Em meados do século XX, ou talvez antes, começaram enfim a se instalar no Rio de Janeiro e em São Paulo filiais de terreiros de candomblé da Bahia (ou culto aos orixás), o mais complexo dos cultos afro-brasileiros.

Temos, portanto, nesses dois estados, cinco formas principais de cultos afro-brasileiros: macumba, umbanda (considerada geralmente uma religião), quimbanda, macumbeiros/rezadeiras e candomblé. E, para complicar esse quadro, os negros do Sudeste professam, em sua maioria, religiões não africanas: católica, protestantes, evangélicas e messiânicas, entre outras. Como encarar isso? Trata-se de uma alienação, uma infidelidade básica ao fato de ser negro?

Como outros estudiosos, supondo que não: as formas religiosas específicas do negro (as que trouxe da África e desenvolveu aqui) não esgotam a *religiosidade* do negro brasileiro, cujo antecedente mais ou menos determinante é a densa religiosidade negro-africana. Essa densa religiosidade foi, ao longo do tempo, formatada por cultos, rituais e mesmo religiões diversas, originárias ou não do continente africano.

Não há como negar, contudo, que as formas religiosas de origem africana funcionaram como defesa eficaz para valores, sentidos e significados que de outra maneira se teriam perdido; espécie de fortaleza no interior da qual elementos de cultura e civilização puderam se desdobrar – o candomblé, por exemplo, parece ser, como sugeriu Roger Bastide, apenas uma "religião em conserva" (veja bibliografia).

Como funcionou e funciona, pois, em cada região brasileira, a *religiosidade* do negro? Devemos investigar cada caso, partindo da hipótese geral de que as formas religiosas serviram de defesa para a cultura negra e, portanto, funcionaram como barreira a sua destruição e ao seu aviltamento.

X) Pós-centenário da Abolição (B)

Proponho agora a você, professor, que me acompanhou até aqui, fazer um corte transversal na complexa e sofisticada civilização brasileira. O que se vê na área de relações raciais?

Em primeiro lugar, uma crença generalizada de que somos uma *democracia racial*. Vemos também um movimento negro bastante ativo e que briga contra esse *mito fundador*. Atualmente, são centenas de organizações (veja bibliografia), em 26 estados. Poucos movimentos sociais brasileiros conseguiram essa irradiação, mas, ainda assim, o movimento negro necessita ganhar ainda maior ossatura para lidar com os desafios que se colocam a todo momento.

Os episódios regionais (ou locais) dessa luta social são, a meu ver, o primeiro item de um necessário estudo sobre o *negro na atualidade*. Em seguida, teríamos: que ganhos – econômicos, de *status*, culturais e políticos – o negro obteve? Respostas taxativas e exatas serão dificílimas, mas uma investigação certamente nos deixará visualizar um pouco melhor esse quadro.

O acontecimento que inaugura a história contemporânea do Brasil é a Revolução de 1930. Nessa época, os negros começam a disputar lugares, acabando por se instalar em todos os setores de atividade – em alguns mais, em outros menos. Encontraram resistências e barreiras legais (ao contrário do que se pensa) e se organizaram para enfrentá-las, em um quadro, é verdade, diferente do norte-americano, mas nem por isso menos dramático.

E quais são as diferenças entre os Estados Unidos e o Brasil?

Uma delas é que a *segregação* norte-americana é, no cotidiano, mais cruel; mas, a longo prazo, é mais *democrática*, pois *obriga* o negro a lutar, em nome do negro, pela igualdade de direitos. Ora, essa igualdade de direitos é um *mito fundador* da sociedade norte-americana e, como tal, faz parte de sua identidade.

A *convivência* brasileira, tendo inegáveis vantagens afetivas é, no sentido amplo, menos *democrática*, porque desmobiliza o negro como tal. Na verdade, o *padrão brasileiro de relações raciais* fundamenta-se, ainda hoje, no respeito a uma hierarquia racial rígida e complicada – por vezes invisível –, que nada mais é que a reprodução da hierarquia *medieval* que presidiu a nossa formação social. Diversos visitantes estrangeiros chamaram a atenção para esse senso de hierarquia entre os negros: os de "cabelo bom" se consideram superiores aos de "cabelo ruim".

Assim, qual será o lugar do negro no Brasil? Em geral, o de segunda classe. Contudo, o matiz do quadro só pode ser percebido se buscadas respostas regionais, a partir dessa fórmula geral.

No mercado de trabalho, o negro está confinado a ocupações mal pagas. Sua cultura – valores, comportamento, estéticas, religiosidade, entre outras. – permanece um corpo exótico, não assumido integralmente na nação brasileira, admitida apenas como *folclore*. Essa é a situação geral. E como funciona, por exemplo, no Centro-Oeste, no Sul, no Norte e no Nordeste?

Desde a década de 1930, o negro ocupou um lugar importante no futebol e na música (rádio e discos), como também, após alguma resistência, na função pública (sobretudo na polícia e em postos subalternos das Forças Armadas, mais no Exército do que nas outras Armas). Mesmo nessas atividades, porém, ele não teve acesso aos degraus máximos – por exemplo, há muitos jogadores de futebol negros, mas um número irrisório de técnicos e juízes e poucos dirigentes de clubes.

Tais fatos, que hoje percebemos melhor, foram – deliberadamente ou não – ocultados pelo mito da *democracia racial*. Devemos, por conseguinte, demonstrar seus postulados e indagar por que esse mito continua vivo e eficaz.

Um bom procedimento didático para tanto pode ser cotejar com a realidade, um a um, os postulados da "harmonia das relações raciais", da "miscigenação como amortecedor dos conflitos raciais", da "prevalência da linha de classe sobre a linha de cor", da "igualdade de oportunidade para todas as raças", entre outras.

Contudo, seria um erro conduzir os alunos à lamentação, pura e simples, do racismo, do preconceito e da discriminação. O pranto de Jeremias não salvou Jerusalém, já diz o ditado. Além de mostrar a força e os limites do movimento negro na luta contra o racismo, como indiquei anteriormente, você, professor, deve indagar aos alunos: *Por que estudar a questão do negro?* Ou, talvez, com mais propriedade: *Qual o objetivo de se estudar a questão do negro?*

Uma boa razão é que jamais poderemos entender o Brasil sem contar a história e descrever as culturas da sua população (e não etnia) majoritária. Sim. Até 1872, quando se fez o primeiro Censo geral, a população negra era 2/3 dos habitantes do país. Havia-se passado, até então, 4/5 de nossa história: não só sua maior parte, como a mais decisiva, pois ali nos estruturamos como nação. E foi o negro, com o índio, o principal construtor – quase exclusivo – da nossa riqueza material e espiritual.

Isso, porém, é passado e se pode alegar, com alguma razão, que o presente e o futuro é que interessam. Ora, uma das falhas de parte de nossos livros didáticos, como já expus aqui, é precisamente tratar do negro e do índio sempre no pretérito, como se eles *já tivessem sido*: em que *contribuíram*, onde *viviam*, de onde *vieram* etc. Para escapar desse campo de força, podemos indagar se o negro contribui e se provavelmente contribuirá para a civilização brasileira. (*Civilização*, aqui, no sentido de encontro privilegiado de culturas durante certo tempo e em condições favoráveis à variedade de combinações entre elas.)

Não é fácil responder. E talvez uma resposta definida seja mesmo desnecessária, mas, à medida que tentarmos respondê-la, descobriremos que a originalidade da civilização brasileira é fornecida pelo encontro peculiar, especialíssimo, das culturas negras com outras. O que chamamos de Brasil é esse encontro. A razão principal de estudar a questão do negro é, portanto, a necessidade de compreender o Brasil na originalidade de seu processo civilizatório.

Essas considerações, talvez um tanto óbvias, permitem entender melhor o racismo: ele tem sido entre nós um mecanismo eficiente de excluir a negritude do encontro que deve caracterizar a nossa civilização. É como uma festa a que o negro não foi convidado: como ele teima em entrar, permitem que chegue até o jardim – onde canta e dança; ou à cozinha – onde "participa" cozinhando iguarias. (Impossível não lembrar aqui a visita da família do Pica-Pau Amarelo à Grécia: tia Nastácia, a cozinheira negra, conquista o Minotauro com seus deliciosos bolinhos e salva a todos.)

Olhar para o negro é uma forma de enxergar o brasileiro que somos e devemos ser. Não adianta, contudo, olhar pela metade; precisamos ver o corpo inteiro: sua arte, mas também suas ideias; sua contribuição no passado escravista, mas também na atualidade; sua sociabilidade, mas também suas atividades políticas; seus cultos e suas festas, mas também sua religiosidade e suas maneiras de estar no mundo; a composição plural de sua cultura.

Como transpor para as salas de aula dos três níveis de Ensino essas cogitações gerais? Mais uma vez, nos defrontamos com a necessidade de particularizar o conhecimento. Uma sugestão é levantar os estudos regionais (na maior parte teses acadêmicas, mas muitas também publicadas em livros) e cotejá-los com as hipóteses mais abrangentes. Outra é recorrer a depoimentos, como entrevistas de militantes de movimentos negros ou democráticos, formuladores de políticas e intelectuais.

Bibliografia

Nesta parte, apresenta-se um amplo levantamento bibliográfico a respeito da história e da cultura dos negros africanos e brasileiros. As obras aqui relacionadas estão, essencialmente, em língua portuguesa; em língua estrangeira, constam apenas quando clássicas e no caso do racismo nos Estados Unidos.

Espero que o professor considere estas indicações insuficientes e, com o tempo, as amplie.

Capítulo 1 - Conversa prévia

O Brasil não é uma democracia racial

ABRAMOWICZ, Anete; SILVÉRIO, Valter Roberto (Orgs.). *Afirmando diferenças:* montando o quebra-cabeça da diversidade na escola. 3. ed. Campinas: Papirus, 2010.

ANDREWS, George R. *Negros e brancos em São Paulo.* Bauru: Editora da USC, 1998.

BARROS, José D'Assunção. *A construção social da cor:* diferença e desigualdade na formação da sociedade brasileira. Petrópolis: Vozes, 2009.

CARNEIRO, Sueli. *Racismo, sexismo e desigualdade no Brasil.* São Paulo: Selo Negro, 2011.

CARONE, Iray; BENTO, Maria Aparecida Silva (Orgs.). *Psicologia social do racismo:* estudos sobre branquitude e branqueamento no Brasil. 5. ed. Petrópolis: Vozes, 2012.

CARVALHO, Marília Pinto de (Org.). *Diferenças e desigualdades na escola*. Campinas: Papirus, 2012.

CAVALLEIRO, Eliane dos Santos. *Do silêncio do lar ao silêncio escolar*: racismo, preconceito e discriminação na educação infantil. São Paulo: Contexto, 2000.

CHAGAS, Conceição Corrêa das. *Negro, uma identidade em construção*: dificuldades e possibilidades. Petrópolis: Vozes, 1996.

CUNHA, Olivia Maria Gomes da. *Intenção e gesto*: pessoa, cor e a produção cotidiana da (in)diferença no Rio de Janeiro (1927-1942). Rio de Janeiro: Arquivo Nacional, 2002.

FAZZI, Rita de Cássia. *O drama racial de crianças brasileiras*: socialização entre pares e preconceito. 2. ed. Belo Horizonte: Autêntica, 2012.

GOMES, Joaquim B. Barbosa. *Ação afirmativa e princípio constitucional da igualdade*. Rio de Janeiro: Renovar, 2001.

GOMES, Nilma Lino (Org.). *Um olhar além das fronteiras*: educação e relações raciais. Belo Horizonte: Autêntica, 2007.

GUIMARÃES, Antonio Sérgio. *Classes, raças e democracia*. 2. ed. São Paulo: Editora 34, 2012.

_____. *Preconceito racial*: modos, temas e tempos. 2. ed. São Paulo: Cortez, 2012.

JACCOUD, Luciana; BEGHIN, Nathalie. *Desigualdades raciais no Brasil:* um balanço da intervenção governamental. Brasília, DF: Ipea, 2002.

LOPES, Luiz Paulo da M. *Identidades fragmentadas:* a construção discursiva de raça, gênero e sexualidade em sala de aula. Campinas: Mercado Aberto, 2002.

MIRANDA, Shirley Aparecida de. *Diversidade e ações afirmativas*: combatendo as desigualdades sociais. Belo Horizonte: Autêntica, 2010.

MISKOLCI, Richard (Org.). *Marcas da diferença no ensino escolar*. São Carlos: Editora da UFSCar, 2010.

MUNANGA, Kabengele (Org.). *Cem anos e mais de bibliografia sobre o negro no Brasil*. Brasília: Fundação Cultural Palmares, 2003.

_____ (Org.). *Estratégias e políticas de combate à discriminação racial*. São Paulo: Edusp/Estação Ciência, 1996.

_____. *Rediscutindo a mestiçagem no Brasil:* identidade nacional *versus* identidade negra. 3. ed. Belo Horizonte: Autêntica, 2008.

OLIVEIRA, Dijaci David; *et al.* (Orgs.). *A cor do medo:* homicídios e relações raciais no Brasil. Brasília, DF: Editora da UnB/Editora UFG, 1998.

_____; LIMA, Ricardo Barbosa; *et al.* (Orgs.). *50 anos depois*: relações raciais e grupos socialmente segregados. 2. ed. Brasília, DF: MNDH, 2001.

OLIVEIRA, Rachel de. *Tramas da cor*: enfrentando o preconceito no dia a dia escolar. 2. ed. São Paulo: Selo Negro, 2005.

QUEIROZ, Renato da Silva. *Caipiras negros no Vale do Ribeira:* um estudo de antropologia econômica. 2. ed. São Paulo: Edusp, 2006.

_____. *Não vi e não gostei:* o fenômeno do preconceito. 6. ed. São Paulo: Moderna, 1997.

_____. *Um mito bem brasileiro*: estudo antropológico sobre o saci. São Paulo: Polis, 1987.

SANTOS, Anízio Ferreira dos (Org.). *Eu, negro*: discriminação racial no Brasil. Existe? 3. ed. rev. e ampl. São Paulo: Loyola, 2000.

SCHWARCZ, Lilia Moritz. *Nem preto nem branco, muito pelo contrário*: cor e raça na sociedade brasileira. São Paulo: Claro Enigma, 2013.

SELL, Sandro Cesar. *Ação afirmativa e democracia racial*: uma introdução ao debate no Brasil. Florianópolis: Fundação Boiteux, 2002.

SILVA, Maria Nilza. *Nem para todos é a cidade:* segregação urbana e racial em São Paulo: Brasília, DF: Fundação Cultural Palmares, 2006.

SILVA, Martiniano J. *Racismo à brasileira*: raízes históricas. Brasília, DF: Thesaurus, 1987.

SODRÉ, Muniz. *Claros e escuros:* identidade, povo e mídia no Brasil. Petrópolis: Vozes, 1999.

TURRA, Cleusa; VENTURI, Gustavo (Orgs.). *Racismo cordial.* São Paulo: Ática, 1998.

VIEIRA, Vinícius Rodrigues *Democracia racial, do discurso à realidade*: caminhos para a superação das desigualdades sociorraciais brasileiras. São Paulo: Paulus, 2008.

Movimento negro

ALBERTI, Verena; PEREIRA, Amilcar Araujo (Orgs.). *Histórias do movimento negro no Brasil:* depoimentos ao CPDOC. Rio de Janeiro: Pallas/CPDOC/FGV, 2007.

ANDREWS, George Reid. O protesto político negro em São Paulo (1888-1988). *Estudos Afro-Asiáticos*, Rio de Janeiro, n. 21, 1991.

BANDEIRA, Maria de Lourdes. Movimento Negro e democratização da educação. In: TORRES, Artemis M. (Org.). *Mato Grosso em movimento:* ensaios de educação popular. Cuiabá: Editora da UFMT, 1994.

BARBOSA, Lúcia Maria de Assunção; SILVA, Petronilha Beatriz Gonçalves e. *O pensamento negro em Educação no Brasil:* expressões do movimento negro. São Carlos: Editora da UFSCar, 1997.

BARBOSA, Márcio. *Frente Negra Brasileira:* depoimentos/entrevistas e textos. São Paulo: Quilombhoje, 1998.

BARCELOS, Luiz Cláudio. Mobilização racial no Brasil: uma revisão crítica. *Afro-Ásia*, Salvador, n. 17, 1996.

CARDOSO, Marcos Antônio. *O movimento negro em Belo Horizonte (1978-1998)*. Belo Horizonte: Mazza, 2002.

CONTINS, Marcia. *Lideranças negras*. Rio de Janeiro: Aeroplano, 2005.

COVIN, David. *The unified Black Movement in Brazil, (1978-2002.* Jefferson, N. C.: McFarland & Co., 2006.

CUNHA JUNIOR, Henrique. *Textos para o movimento negro*. São Paulo: Edicon, 1992.

CUTI, José Correia Leite. *... E disse o velho militante José Correia Leite.* São Paulo: Secretaria Municipal de Cultura, 1992.

DOMINGUES, Petrônio. *A nova abolição*. São Paulo: Selo Negro, 2008.

_____. Movimento negro: história, tendências e dilemas contemporâneos. *Revista de História (Ufes)*, Vitória, v. 21, p. 101-124, 2008.

_____. Movimento negro brasileiro: alguns apontamentos históricos. *Tempo*: Revista do Departamento de História da UFF, Rio de Janeiro, v. 12, p. 113-136, 2007.

_____. Um "templo de luz": Frente Negra Brasileira (1931-1937) e a questão da educação. *Revista Brasileira de Educação*, v. 13, n. 39, p. 517-534, 2008.

FERNANDES, Florestan. Os movimentos sociais no meio negro. In: _____. *A integração do negro na sociedade de classes*. 3. ed. São Paulo: Ática, 1978.

FERRARA, Miriam Nicolau. *A imprensa negra paulista (1915-1963)*. São Paulo: FFLCH-USP, 1986. v. 13. (Coleção Antropologia).

FRANÇA, Edson; RUY, José Carlos; VIEIRA, Manoel Julião. *Um olhar negro sobre o Brasil:* dezoito anos de Unegro. São Paulo: Anita Garibaldi, 2007.

GONÇALVES, Luiz Alberto de Oliveira. Os movimentos negros no Brasil: construindo atores sociopolíticos. *Revista Brasileira de Educação*, Rio de Janeiro, n. 9, 1998.

GONZALEZ, Lélia. O movimento negro na última década. In: GONZALEZ, Lélia; HASENBALG, Carlos (Orgs.). *Lugar de negro*. Rio de Janeiro: Marco Zero, 1982.

HANCHARD, Michael George; RIBEIRO, Vera. *Orfeu e o poder:* o movimento negro no Rio de Janeiro e São Paulo (1945-1988). Rio de Janeiro: Eduerj, 2001.

LUCRÉCIO, Francisco. Memória histórica: a Frente Negra Brasileira. *Revista de Cultura Vozes*, São Paulo, v. 3, n. 83, p. 332-342, 1989.

MOURA, Clóvis. Organizações negras. In: SINGER, Paul; BRANT, Vinicius Caldeira (Orgs.). *São Paulo*: o povo em movimento. Petrópolis: Vozes/Cebrap, 1980.

MOVIMENTO Negro Unificado: Documentos básicos. Rio de Janeiro: O Movimento, 1992.

_____. (1978-1988): 10 anos de luta contra o racismo. Confraria do Livro: São Paulo, 1988.

MUNANGA, Kabengele (Org.). *Cem anos e mais de bibliografia sobre o negro no Brasil*. Brasília, DF: Fundação Cultural Palmares, 2003.

PEREIRA, Amauri Mendes. *Trajetória e perspectivas do movimento negro brasileiro*. 2. ed. Belo Horizonte: Nandyala, 2008.

_____; SILVA, Joselina da. *O movimento negro brasileiro:* escritos sobre os sentidos da democracia e justiça social no Brasil. Belo Horizonte: Nandyala, 2009.

PEREIRA, Amilcar Araujo. *"O mundo negro"*: a constituição do movimento negro contemporâneo no Brasil (1970-1995). 2010. Tese (Doutorado em História) – Universidade Federal Fluminense, Niterói, 2010. Disponível em: <http://www.historia.uff.br/stricto/td/1254.pdf>. Acesso em: 18 maio 2015.

PINTO, Regina Pahim. A Frente Negra Brasileira. *Revista de Cultura Vozes*, Petrópolis, v. 90, n. 4, p. 45-59, 1996.

_____. Movimento negro e etnicidade. *Estudos Afro-Asiáticos*, Rio de Janeiro, n. 10, p. 109-124, 1990.

RIOS, Flavia; RATTS, Alex. *Lélia Gonzalez:* retratos do Brasil negro. São Paulo: Selo Negro, 2010.

RISERIO, Antonio. *A utopia brasileira e os movimentos negros*. São Paulo: Editora 34, 2007.

SANTOS, Ivair Augusto Alves dos. *Movimento negro e Estado*: o caso do Conselho de Participação e Desenvolvimento da Comunidade Negra. São Paulo: Prefeitura Municipal de São Paulo/Coordenadoria Especial do Negro, 2007.

SANTOS, Joel Rufino dos. Movimento negro e crise brasileira. In: _____. BARBOSA, Wilson do Nascimento. *Atrás do muro da noite*: dinâmica das culturas afro-brasileiras. Brasília: Ministério da Cultura/Fundação Cultural Palmares, 1994.

SANTOS, José Antônio dos. *Raiou a alvorada*: intelectuais negros e imprensa – Pelotas (1907-1957). Pelotas: Universitária, 2003.

SILVA, Ana Célia da. Movimento negro brasileiro e sua trajetória para a inclusão da diversidade étnico-racial. *Revista da Faeeba*, Salvador, v. 11, p. 139-151, 2002.

_____. Movimento negro e ensino nas escolas: experiências da Bahia. In: BARBOSA, Lúcia Maria de Assunção; SILVA, Petronilha Beatriz Gonçalves e (Orgs.). *O pensamento negro em Educação no Brasil*. São Carlos: Editora da UFSCar, 1997.

SILVA, Jônatas C. da. Histórias de lutas negras: memórias do surgimento do movimento negro na Bahia. In: REIS, João José (Org.). *Escravidão e invenção da liberdade*: estudos sobre o negro no Brasil. São Paulo: Brasiliense, 1988.

SILVA, Joselina da. A União dos Homens de Cor: aspectos do movimento negro dos anos 40 e 50. *Estudos Afro-Asiáticos*, Rio de Janeiro, v. 25, n. 2, p. 215-235, 2003.

SILVA, Maria Auxiliadora Gonçalves da. *Encontros e desencontros de um movimento negro*. Brasília, DF: Ministério da Cultura/Fundação Cultural Palmares, 1994.

SILVA, Nelson F. Inocêncio. *Consciência negra em cartaz*. Brasília, DF: Editora da UnB, 2001.

SOUZA, Florentina da Silva. *Afro-descendência em cadernos negros e jornal do MNU*. Belo Horizonte: Autêntica, 2006.

Preconceito racial e livro didático

ALMEIDA, Manuel W. Barbosa. *Racismo nos livros didáticos*. São Paulo: Cedi, 1985.

ALMEIDA, Mauro de. Imagem do negro nos livros didáticos (resumo de palestras). In: RAMOS, Ítalo (Coord.). *A luta contra o racismo na rede escolar*. São Paulo: FDE/Grupo de Trabalho para Assuntos Afro-Brasileiros, 1995. p. 31-36. v. 27 (Ideias).

CAVALLEIRO, Eliane dos Santos. *Do silêncio do lar ao silêncio escolar*: racismo, preconceito e discriminação na educação infantil. São Paulo: Contexto, 2000.

COLLARES, Cecília Azevedo Lima; MOYSÉS, Maria Aparecida Affonso. *Preconceito no cotidiano escolar*: ensino e medicalização. São Paulo: Cortez, 1996.

CRUZ, Marileia dos Santos. *Pluralidade racial em livros didáticos*: uma análise em conteúdos de História brasileira. São Luís: EDUFMA, 2011.

DANTAS, Carolina Vianna; MATTOS, Hebe; ABREU, Martha (Orgs.). *O negro no Brasil*: trajetórias e lutas em dez aulas de História. Rio de Janeiro: Objetiva, 2012.

FARIA, Ana Lúcia G. de. *Ideologia no livro didático*. São Paulo: Cortez, 1986.

FONSECA, Marcus Vinícius. *População negra e educação*: um perfil racial das escolas mineiras no século XIX. Belo Horizonte: Mazza, 2009.

GOMES, Nilma Lino; SILVA, Petronilha Beatriz Gonçalves e (Orgs.). *Experiências étnico-culturais para a formação de professores*. 2. ed. Belo Horizonte: Autêntica, 2002.

JESUS, Fernando Santos de. O "negro" no livro didático de História do Ensino Médio e a Lei 10.639/03. *História e Ensino*, Londrina, v. 18, n. 1, p. 141-171, jan.-jul. 2012.

LAIA, Maria Aparecida; SILVEIRA, Maria Lúcia da (Orgs.). *A universidade e a formação para o ensino de História e cultura africana e indígena*. São Paulo: Imprensa Oficial do Estado de São Paulo, 2011.

LEMOS, Rosália de Oliveira. *O negro na educação e no livro didático*: como trabalhar alternativas. Brasília, DF: Ministério da Justiça, 2001.

LOPES, Nei. *Dicionário escolar afro-brasileiro*. São Paulo: Selo Negro, 2006.

MATTOS, Hebe; *et al.* Personagens negros e livros didáticos: reflexões sobre a ação política dos afrodescendentes e as representações da cultura brasileira. In: ROCHA, Helenice Aparecida Bastos; REZNIK, Luís; MAGALHÃES, Marcelo de Souza (Orgs.). *A história na escola*. Rio de Janeiro: Fundação Getúlio Vargas, 2009.

MELO, Regina Lúcia Couto; COELHO, Rita de Cássia Freitas (Orgs.). *Educação e discriminação dos negros*. Belo Horizonte: Instituto de Recurso Humanos João Pinheiro, 1988.

MORAES, Kelly da Silva. A Lei 10.639/2003 e seus reflexos nos materiais didáticos: uma análise sobre o negro na História do Brasil. In: JORNADA DE ESTUDOS AFRO-BRASILEIROS, 5., 2007, Porto Alegre. *Anais...*, 2007.

MULLER, Rodrigues; *et al*. *Educação e diferenças*: os desafios da Lei 10.639/03. Cuiabá: Editora da UFMT, 2009.

MUNANGA, Kabengele (Org.). *Cem anos e mais de bibliografia sobre o negro no Brasil*. Brasília, DF: Fundação Cultural Palmares, 2003.

NEGRÃO, Esmeralda Vailati. Preconceitos e discriminações raciais em livros didáticos. *Cadernos de Pesquisa*, São Paulo, n. 65, p. 52-65, mai. 1988.

_____; PINTO, Regina Pahim. *De olho no preconceito*: um guia para professores sobre racismo em livros para crianças. São Paulo: Fundação Carlos Chagas/Departamento de Políticas Educacionais, 1990.

OLIVA, Anderson Ribeiro. A África, o imaginário ocidental e os livros didáticos. In: PANTOJA, Selma; ROCHA, Maria José (Orgs.). *Rompendo silêncios*: a história da África nos currículos da Educação Básica. Brasília, DF: DP Comunicações, 2004.

_____. A história da África nos bancos escolares: representações e imprecisões na literatura didática. *Estudos Afro-Asiáticos*, Rio de Janeiro, v. 25, n. 3, p. 421-461, 2003.

_____. O ensino da História africana: a presença da África nos manuais escolares brasileiros e portugueses. In: PANTOJA, Selma (Org.). *Identidades, memórias e história em terras africanas*. Luanda: Nzila, 2006.

_____. Uma história esquecida: a abordagem da África antiga nos manuais escolares de História – estudos de caso no Brasil e em Portugal (1990-2005). *Em Tempo de Histórias*, Brasília, DF, v. 12, p. 184-200, 2008.

OLIVEIRA, Rachel de. *Tramas da cor*: enfrentando o preconceito no dia a dia escolar. São Paulo: Selo Negro, 2005.

ORIÁ, Ricardo. O negro na historiografia didática: imagens, identidades e representações. *Textos de História*, Brasília, DF, v. 4, n. 2, p. 154-165, 1996.

PANTOJA, Selma A.; ROCHA, Maria José. (Orgs.). *Rompendo silêncios*: a história da África nos currículos da Educação Básica. Brasília, DF: DP Comunicações, 2004.

PEREIRA, Rosa Vani. *Aprendendo valores étnicos na escola*. Belo Horizonte: Autêntica, 2010.

PINTO, Regina Pahim. A representação do negro em livros didáticos de leitura. *Cadernos de Pesquisa*, São Paulo, n. 63, p. 88-92, nov. 1987.

PÔRTO, Maria Helena. O negro no livro didático-paradidático. In: SEMINÁRIO LIVRO DIDÁTICO: DISCRIMINAÇÃO EM QUESTÃO, 2., Recife, 1988. *Anais...* Recife: Secretaria de Educação, 1989. p. 33-46.

RIBEIRO, Renilson Rosa; VALÉRIO, Mairon Escorsi; FRACCARO, Gláucia Cristina C. (Orgs.). *O negro em folhas brancas*: ensaios sobre as imagens do negro nos livros didáticos de história do Brasil (últimas décadas do século XX). Campinas: Unicamp/IFCH, 2002.

ROMÃO, Jeruse (Org.). *História da educação do negro e outras histórias*. Brasília, DF: MEC/Secad, 2005.

ROSEMBERG; Fúlvia; BAZILLI, Chirley; SILVA, Paulo Vinícius Baptista da. Racismo em livros didáticos brasileiros e seu combate: uma revisão da literatura. *Educação e Pesquisa*, São Paulo, v. 29, n. 1, p. 125-146, jan.-jun. 2003.

SÁ, Wellington Santana Moraes de. *A presença do negro no livro didático de História do Ensino Fundamental*: uma primeira análise. 2010. Monografia (Licenciatura em Pedagogia) – Universidade do Estado do Rio de Janeiro, São Gonçalo, 2010. Disponível em: <http://www.ffp.uerj.br/arquivos/dedu/monografias/WSMS2010.pdf>. Acesso em: 18 maio 2015.

SILVA, Ana Célia da. *A discriminação do negro no livro didático*. 2. ed. Salvador: Editora da UFBA, 2004.

_____. A discriminação e preconceitos em relação ao negro no livro de comunicação e expressão de 1º grau, nível 1 (1ª a 4ª série). In: MELO, Regina Lúcia Couto; COELHO, Rita de Cássia Freitas (Orgs.). *Educação e discriminação dos negros*. Belo Horizonte: Instituto de Recursos Humanos João Pinheiro, 1988.

_____. *Desconstruindo a discriminação do negro no livro didático*. Salvador: Editora da UFBA, 2001.

SILVA, Ana Célia. *Se eles fazem eu desfaço*: uma proposta de reversão dos estereótipos no livro didático. Rio de Janeiro: Centro de Estudos Afro-Asiáticos, 1992.

SILVA, Paulo Vinícius Baptista da. *Racismo em livros didáticos*: estudos sobre negros e brancos em livros de Língua Portuguesa. Belo Horizonte: Autêntica, 2008.

SILVA JR., Hédio. *Discriminação racial nas escolas*: entre a lei e as práticas sociais. Brasília, DF: Unesco, 2002.

TRIUMPHO, Vera Regina Santos. O negro no livro didático e a prática dos agentes de pastoral negros. *Cadernos de Pesquisa*, São Paulo, n. 63, p. 93-5, nov. 1987.

Raça e racismo

ABRAMOWICZ, Anete; GOMES, Nilma Lino (Orgs.). *Educação e raça*: perspectivas políticas, pedagógicas e estéticas. Belo Horizonte: Autêntica, 2010.

AZEVEDO, Celia Maria Marinho de. *Antirracismo e seus paradoxos*: reflexões sobre cota racial, raça e racismo. São Paulo: Annablume, 2004.

_____. *Maçonaria, antirracismo e cidadania*. São Paulo: Annablume, 2010.

BAIRROS, Luiza (Org.). Dossiê: raça e democracia nas Américas. *Caderno CRH (Centro de Recursos Humanos)*, Salvador, n. 36, jan.--jun. 2002.

BANTON, Michael. *A ideia de raça*. Lisboa: Edições 70, 1977.

BARCELOS, Luiz Carlos; CUNHA, Olivia Maria Gomes da; ARAUJO, Tereza Cristina Nascimento. *Escravidão e relações raciais no Brasil*: cadastro da produção intelectual (1970-1990). Rio de Janeiro: Centro de Estudos Afro-Asiáticos, 1991.

BASTIDE, Roger; FERNANDES, Florestan. *Raça e ciência I e II*. São Paulo: Perspectiva/Unesco, 1950.

BERNARDINO, Joaze; GALDINO, Daniela (Orgs.). *Levando a raça a sério*: ação afirmativa e universidade. Rio de Janeiro: DP&A/LPP/Uerj, 2004.

CARNEIRO, Maria Luiza Tucci. *O racismo na história do Brasil*: mito e realidade. São Paulo: Ática, 1994.

CARNEIRO, Sueli. *Racismo, sexismo e desigualdade no Brasil*. São Paulo: Selo Negro, 2011.

CARONE, Iray; BENTO, Maria Aparecida Silva (Orgs.). *Psicologia social do racismo:* estudos sobre branquitude e branqueamento no Brasil. 5. ed. Petrópolis: Vozes, 2012.

CAVALLEIRO, Eliane dos Santos. *Educação antirracista:* caminhos abertos pela Lei 10.639/03. Brasília, DF: Secad, 2005.

COMAS, Juan; *et al. Raça e ciência I.* São Paulo: Perspectiva, 1960.

COSTA, Sérgio. *Dois Atlânticos:* teoria social, antirracismo, cosmopolitismo. Belo Horizonte: Editora da UFMG, 2006.

COSTA PINTO, Luiz de Aguiar. *O negro no Rio de Janeiro:* relações de raça em uma sociedade em mudança. 2. ed. Rio de Janeiro: Editora da UFRJ, 1998.

CUNHA, Olivia Maria Gomes da. *Intenção e gesto:* pessoa, cor e a produção cotidiana da (in)diferença no Rio de Janeiro (1927-1942). Rio de Janeiro: Arquivo Nacional, 2002.

D'ADESKY, Jacques. *Pluralismo étnico e multiculturalismo:* racismos e antirracismos no Brasil. Rio de Janeiro: Pallas, 2001.

DIWAN, Pietra. *Raça pura:* uma história da eugenia no Brasil e no mundo. São Paulo: Contexto, 2007.

DOMINGUES, Petrônio. *Uma história não contada:* negro, racismo e branqueamento em São Paulo no pós-Abolição. São Paulo: Senac, 2004.

FAZZI, Rita de Cássia. *O drama racial de crianças brasileiras:* socialização entre pares e preconceito. 2. ed. Belo Horizonte: Autêntica, 2012.

GILROY, Paul. *Entre campos:* nações, cultura e o fascínio da raça. São Paulo: Annablume, 2007.

GUIMARÃES, Antonio Sérgio. *Racismo* e *antirracismo no Brasil.* 2. ed. São Paulo: Editora 34, 2005.

_____; HUNTLEY, Lynn (Orgs.). *Tirando a máscara:* ensaios sobre o racismo no Brasil. São Paulo: Paz e Terra, 2000.

HASENBALG, Carlos. *Discriminação e desigualdades raciais no Brasil.* 2. ed. Belo Horizonte: Editora da UFMG; Rio de Janeiro: Iuperj, 2005.

_____; SILVA, Nelson do Valle. *Estrutura social, mobilidade e raça.* Rio de Janeiro: Iuperj, 1988.

HASENBALG, Carlos; SILVA, Nelson do Vale. *Relações raciais no Brasil contemporâneo.* Rio de Janeiro: Rio Fundo/Iuperj, 1992.

JONES, Jamies M. *Racismo e preconceito*. São Paulo: Edusp, 1973.

MAGGIE, Yvonne; REZENDE, Claudia Barcellos (Orgs.). *Raça como retórica*: a construção da diferença. Rio de Janeiro: Civilização Brasileira, 2001.

MAIO, Marcos Chor; SANTOS, Ricardo Ventura (Orgs.). *Raça, ciência e sociedade*. Rio de Janeiro: Editora Fiocruz/CCBB, 1996.

MARTINS, Sérgio. *Direito e legislação antirracista:* guia de direitos do brasileiro afrodescendente. Brasília, DF: Ministério da Justiça, 2001.

McCLINTOCK, Anne. *Couro imperial*: raça, gênero e sexualidade no embate colonial. Campinas: Editora da Unicamp, 2010.

MORANTI, G. M.; *et. al. Raça e ciência II.* São Paulo: Perspectiva, 1960.

MUNANGA, Kabengele (Org.). *Cem anos e mais de bibliografia sobre o negro no Brasil.* Brasília, DF: Fundação Cultural Palmares, 2003.

_____ (Org.). *Estratégias e políticas de combate à discriminação racial.* São Paulo: Edusp/Estação Ciência, 1996.

_____ (Org.). *Superando o racismo na escola.* Brasília, DF: Ministério da Educação, 2005.

NASCIMENTO, Abdias. *O Brasil na mira do pan-africanismo.* 2. ed. Salvador: Editora da UFBA/Ceao, 2002.

_____. *O genocídio do negro brasileiro*: processo de um racismo mascarado. Rio de Janeiro: Paz e Terra, 1978.

NOGUEIRA, Oracy. *Tanto preto quanto branco:* estudos de relações raciais. São Paulo: T. A. Queiroz, 1985.

OLIVEIRA, Iolanda (Org.). *Relações raciais e Educação:* a produção de saberes e práticas pedagógicas. Niterói: Editora da UFF, 2001.

_____. *Relações raciais e educação*: alguns determinantes. Niterói: Intertexto, 1999.

PAIXÃO, Marcelo J. P. *Manifesto antirracista:* ideias em prol de uma utopia chamada Brasil. Rio de Janeiro: DP&A, 2005.

PIRES, Álvaro; RAMOS, Ítalo (Coord.). *Ideias*: a luta contra o racismo na rede escolar. São Paulo: FDE, 1995.

RAEDERS, Georges. *O Conde Gobineau no Brasil.* Rio de Janeiro: Paz e Terra, 1988.

RAMOS, Arthur. *A mestiçagem no Brasil.* Maceió: Editora da Ufal, 2004.

RAMOS, Sílvia (Org.). *Mídia e racismo.* Rio de Janeiro: Pallas, 2002.

SAMARA, Eni de Mesquita (Org.). *Racismo e racistas:* trajetórias do pensamento racista no Brasil. São Paulo: Humanitas, 2001.

SANTOS, Gislene Aparecida dos. *A invenção do ser negro:* um percurso das ideias que naturalizaram a inferioridade dos negros. Rio de Janeiro: Pallas; São Paulo: Educ, 2002.

SANTOS, Joel Rufino. *O que é racismo?* 15. ed. São Paulo: Brasiliense, 1998.

SANTOS, Sales Augusto dos (Org.). *Ação afirmativa e combate ao racismo nas Américas.* Brasília, DF: Unesco/Bird/MEC, 2005.

SCHWARCZ, Lilia Moritz. *O espetáculo das raças*: cientistas, instituições e questão racial no Brasil (1870-1930). São Paulo: Companhia das Letras, 1993.

_____; QUEIROZ, Renato da Silva (Orgs.). *Raça e diversidade.* São Paulo: Edusp/Estação Ciência, 1996.

SEYFERTH, Giralda *et al. Racismo no Brasil.* São Paulo: Peirópolis/ Abong, 2002.

SILVÉRIO, Valter Roberto; PINTO, Regina Pahim; ROSEMBERG, Fúlvia (Orgs.). *Relações raciais no Brasil*: pesquisas contemporâneas. São Paulo: Contexto, 2011.

SKIDMORE, Thomas. *Preto no branco*: raça e nacionalidade no pensamento brasileiro (1870-1930). São Paulo: Companhia das Letras, 2012.

TODOROV, Tzvetan. *Nós e os outros*: a reflexão francesa sobre a diversidade humana. Rio de Janeiro: Jorge Zahar, 1993. v. 1.

VIANA, Francisco José de Oliveira. *Raça e assimilação.* 3. ed. Rio de Janeiro: José Olympio, 1959.

WIEVIORKA, Michel. *O racismo, uma introdução.* São Paulo: Perspectiva, 2007.

Ser negro no Brasil

ALBUQUERQUE, Wlamyra Ribeiro de; FRAGA FILHO, Walter (Orgs.). *Uma história do negro no Brasil.* Rio de Janeiro: Ministério da Cultura/Fundação Palmares, 2006.

ALMEIDA, Luis Sávio de (Org.). *O negro no Brasil*: estudos em homenagem a Clóvis Moura. Maceió: Editora da Ufal, 2003.

ARAÚJO, Ubiratan Castro. *Histórias de negro.* 2. ed. Salvador: Editora da UFBA, 2009.

AZEVEDO, Thales de. *As elites de cor numa cidade brasileira*: um estudo de ascensão social e classes sociais e grupos de prestígio. 2. ed. Salvador: Editora da UFBA/EGBA, 1996.

BARBOSA, Lúcia Maria de Assunção; SILVA, Petronilha Beatriz Gonçalves e; SILVÉRIO, Valter Roberto (Orgs.). *De preto a afrodescendente*: trajetos de pesquisa sobre relações étnico-raciais no Brasil. São Carlos: Editora da UFSCar, 2003.

BARCELOS, Luiz Carlos; CUNHA, Olivia Maria Gomes da; ARAUJO, Tereza Cristina Nascimento. *Escravidão e relações raciais no Brasil*: cadastro da produção intelectual (1970-1990). Rio de Janeiro: Centro de Estudos Afro-Asiáticos, 1991.

CASCUDO, Luís da Câmara. *Made in África*. 2. ed. São Paulo: Global, 2002.

CASTRO, Yeda Pessoa. *A língua mina-jeje no Brasil:* um falar africano em Ouro Preto do século XVIII. Belo Horizonte: Fundação João Pinheiro/Secretaria da Cultura do Estado de Minas Gerais, 2002.

DANTAS, Beatriz Góis. *Vovô nagô e papai branco:* usos e abusos da África no Brasil. Rio de Janeiro: Graal, 1988.

DOMINGUES, Petrônio. *A nova abolição*. São Paulo: Selo Negro, 2008.

_____. *Uma história não contada*: negro, racismo e branqueamento em São Paulo no pós-abolição. São Paulo: Senac, 2004.

FARIAS, Juliana Barreto; GOMES, Flávio dos Santos; XAVIER, Giovana (Orgs.). *Mulheres negras no Brasil escravista e do pós-emancipação*. São Paulo: Pallas/Selo Negro, 2012.

FEITOSA, Lourdes Madalena Gazarini Conde; FUNARI, Pedro Paulo Abreu; ZANLOCHI, Terezinha Santarosa (Orgs.). *As veias negras do Brasil*: conexões brasileiras com a África. Bauru: Editora da USC, 2012.

FIGUEIREDO, Luciano Raposo A.; SILVA, Alberto da Costa e (Orgs.). *Raízes africanas*. Rio de Janeiro: Sabin, 2009.

FONSECA, Denise Pini Rosalem (Org.). *Resistência e inclusão*: história, cultura, educação e cidadania afrodescendentes. Rio de Janeiro: PUC-Rio/Consulado-Geral dos Estados Unidos, 2003.

_____; LIMA, Tereza Marques de Oliveira (Orgs.). *Outras mulheres*: mulheres negras brasileiras ao final da primeira década do século XXI. Rio de Janeiro: Editora da PUC-Rio, 2012.

FRAGA FILHO, Walter; ALBUQUERQUE, Wlamyra Ribeiro de (Orgs.). *Uma história da cultura afro-brasileira*. São Paulo: Moderna, 2009.

FRY, Peter; VOGT, Carlos; SLENES, Robert. *Cafundó*: a África no Brasil – linguagem e sociedade. São Paulo: Companhia das Letras, 1996.

GOMES, Flávio dos Santos. *Negros e política* (1888-1937). Rio de Janeiro: Jorge Zahar, 2005.

GUIA brasileiro de fontes para a história do negro na sociedade atual. Rio de Janeiro: Arquivo Nacional/Arquivo Público da Cidade do Rio de Janeiro, 1999.

HEYWOOD, Linda. (Org.). *Diáspora negra no Brasil*. São Paulo: Contexto, 2008.

KOSSOY, Boris; CARNEIRO, Maria Luiza Tucci. *O olhar europeu*: o negro na iconografia brasileira do século XIX. 2. ed. São Paulo: Edusp, 2002.

LARA, Silvia Hunold; PACHECO, Gustavo (Orgs.). *Memória do jongo*: as gravações históricas de Stanley J. Stein. Rio de Janeiro: Folha Seca, 2008.

LIBERAC, Antonio; OLIVEIRA, Rosy de (Orgs.). *Olhares sobre o mundo negro*: trabalho, cultura e política. Curitiba: Progressiva, 2010.

LIENHARD, Martin. *O mar e o mato*: histórias da escravidão (Congo, Angola, Brasil, Caribe). Salvador: Editora da UFBA/Ceao, 1998.

LIMA, Mônica. *Heranças africanas no Brasil*. Rio de Janeiro: Espalhafato/Ceap, 2009.

MAC CORD, Marcelo. *Artífices da cidadania*: mutualismo, educação e trabalho no Recife oitocentista. Campinas: Editora da Unicamp, 2012.

MOURA, Clóvis. *Dialética radical do Brasil negro*. São Paulo: Anita Garibaldi, 1994.

_____. *História do negro brasileiro*. São Paulo: Ática, 1989.

_____. *O negro, de bom escravo a mau cidadão?* Rio de Janeiro: Conquista, 1977.

MUNANGA, Kabengele (Org.). *Cem anos e mais de bibliografia sobre o negro no Brasil*. Brasília, DF: Fundação Cultural Palmares, 2003.

NASCIMENTO, Elisa Larkin (Org.). *Cultura em movimento*: matrizes africanas e ativismo negro no Brasil. São Paulo: Selo Negro, 2008.

OLIVA, Anderson Ribeiro. *Reflexos da África*: ideias e representações sobre os africanos no imaginário ocidental – estudos de caso no Brasil e em Portugal. Goiânia: Editora da PUC-Goiás, 2010.

PAIVA, Eduardo França; SANTOS, Vanicleia S. (Orgs.). *África e Brasil no mundo moderno*. São Paulo: Annablume, 2012.

PAMPLONA, Marcos A. (Org.). *Escravidão, exclusão e cidadania*. Rio de Janeiro: Access, 2001.

PEREIRA, Edmilson de Almeida Pereira; DAIBERT JÚNIOR, Robert (Orgs.). *Depois, o Atlântico*: modos de pensar, crer e narrar na diáspora africana. Juiz de Fora: Editora da UFJF, 2010.

PEREIRA, Lúcia Regina Brito; AMARO, Luiz Carlos; MESTRI, Mário; NAHS, Peter (Orgs.). *Negras histórias no Rio Grande do Sul*. Porto Alegre: Evangraf/Fapergs, 2002.

QUEIROZ, Sônia. *Pé preto no barro branco*: a língua dos negros da Tabatinga. Belo Horizonte: Editora da UFMG, 1998.

RIZZINI, Irene (Org.). *Crianças desvalidas, indígenas e negras no Brasil*: cenas da Colônia, Império e República. Rio de Janeiro: Santa Úrsula, 2000.

SAMPAIO, Patrícia Melo (Org.). *O fim do silêncio*: presença negra na Amazônia. Belém: Açaí, 2011.

SANTOS, Gislene Aparecida dos. *A invenção do ser negro*: um percurso das ideias que naturalizaram a inferioridade dos negros. Rio de Janeiro: Pallas; São Paulo: Educ, 2002.

SANTOS, Joel Rufino dos (Org.). Negro brasileiro negro. *Revista do Patrimônio Histórico e Artístico Nacional*, Rio de Janeiro, n. 25, 1997.

SCHWARCZ, Lilia Moritz. *Retrato em branco e negro*: jornais, escravos e cidadãos em São Paulo no final do século XIX. São Paulo: Companhia das Letras, 1987.

_____; SOUZA, Letícia Vidor de (Orgs.). *Negras imagens*: ensaios sobre cultura e escravidão no Brasil. São Paulo: Edusp/Estação Ciência, 1996.

SELA, Eneida Maria Mercadante. *Modos de ser, modos de ver*: viajantes europeus e escravos africanos no Rio de Janeiro (1808-1850). Campinas: Editora da Unicamp, 2008.

SILVA, Consuelo Dores. *Negro, qual é o seu nome?* Belo Horizonte: Mazza, 1995.

SILVA, Maciel Henrique Silva. *Pretas de honra:* vida e trabalho de domésticas e vendedoras no Recife do século XIX (1840-1870). Recife: Editora Universitária da UFPE; Salvador: Editora da UFBA, 2011.

SLENES, Robert Wayne Andrew. *Na senzala, uma flor*: esperanças e recordações na formação da família escrava (Brasil-Sudeste, século XIX). 2. ed. Campinas: Editora da Unicamp, 2011.

SOUZA, Marina de Mello. *África e Brasil africano*. 2. ed. São Paulo: Ática, 2005.

_____. *Reis negros no Brasil escravista*: história da festa de coroação de Rei Congo. Belo Horizonte: Editora da UFMG, 2002.

TINHORÃO, José Ramos. *Os sons dos negros no Brasil*: cantos, danças, folguedos – origens. 2. ed. São Paulo: Editora 34, 2008.

TUPAN-AN, Nic. *Código negro*: razão afro-brasileira: ensaio linguístico--histórico. São Paulo: STS, 2001.

VALENTE, Ana Lúcia E. F. *Ser negro no Brasil hoje*. 18. ed. rev. e ampl. São Paulo: Moderna, 2002.

Cultura e civilização – problemas e conceitos afins

ABDALA JÚNIOR, Benjamim. Fronteiras múltiplas e hibridismo cultural: novas perspectivas ibero-afro-americanas. In: SCARPELLI, Marli Fantini; DUARTE, Eduardo de Assis (Orgs.). *Poéticas da diversidade*. Belo Horizonte: UFMG/Fale/Póslit, 2002.

ALVES, Henrique Losinskas. *Bibliografia afro-brasileira*: estudos sobre o negro. 2. ed. Rio de Janeiro: Cátedra, 1979.

APIAH, Anthony. *Na casa de meu pai*: a África na filosofia da cultura. Rio de Janeiro: Contraponto, 1997.

AZEVEDO, Thales de. *Civilização e mestiçagem*. Salvador: Progresso, 1951.

BACELAR, Jeferson. Sociologia da socioantropologia do negro na Bahia. *Anuário Antropológico*, Rio de Janeiro, n. 79, p. 261-276, 1981.

BASTOS, Élide Rugai. Gilberto Freyre e o mito da cultura brasileira. *Humanidades,* Brasília, DF, v. 4, n. 15, p. 26-31, 1987.

BHABHA, Homi J. *O local da cultura*. 4. reimpr. Belo Horizonte: Editora da UFMG, 2007.

BIBlLIOGRAFIA da Cultura Negra. Rio de Janeiro: Prefeitura da Cidade do Rio de Janeiro, 1984. v. 1.

CARRILHO, Maria. *Sociologia da negritude*. Lisboa: Edições 70, [s.d.].

GEERTZ, Clifford. *A interpretação das culturas*. Rio de Janeiro: LTC, 1989.

_____. *O saber local*. 6. ed. Petrópolis: Vozes, 1983.

GILROY, Paul. *O Atlântico negro*: modernidade e consciência. Rio de Janeiro: Universidade Candido Mendes, 2000.

MARTINS, J. B.. *Antropologia da música brasileira*: natureza, ritmo, texto, cultura. São Paulo: Obelisco, 1978.

MEMMI, Albert. *Retrato do colonizado precedido pelo retrato do coloniza-dor*. Tradução de Roland Corbisier e Mariza Pinto Coelho. 3. ed. Rio de Janeiro: Paz e Terra, 1989.

MINTZ, Sidney; PRICE, Richard. *O nascimento da cultura afro--americana:* uma perspectiva antropológica. Rio de Janeiro: Pallas/Universidade Candido Mendes, 2003.

POLIAKOV, Léon. *O mito ariano*. Tradução de Luiz João Gaio. São Paulo: Perspectiva/Edusp, 1974.

PRATT, Mary Louise. *Os olhos do império*: relatos de viagem e transculturação. Bauru: Editora da USC, 1999.

SAID, Edward W. *Cultura e imperialismo*. São Paulo: Companhia das Letras, 1995.

STAROBINSKI, Jean. *As máscaras da civilização*: ensaios. São Paulo: Companhia das Letras, 2001.

TODOROV, Tzvetan. *Nós e os outros*: a reflexão francesa sobre a diversidade humana. Rio de Janeiro: Jorge Zahar, 1993. v. 1.

Contexto cultural do Rio de Janeiro

ALENCAR, Edigar de. *Nosso Sinhô do Samba*. 2. ed. rev. e ampl. Rio de Janeiro: Funarte, 1981.

_____. *O carnaval carioca através da música*. Rio de Janeiro: Livraria Freitas Bastos, 1965. 2 v.

ALMIRANTE. *No tempo de Noel Rosa*: o nascimento do samba e a era de ouro da música brasileira. 3. ed. Rio de Janeiro: Sonora, 2013.

ALVES, Henrique L. *Sua Excelência o samba*. 2. ed. São Paulo: Símbolo, 1976.

AUGRAS, Monique. *O Brasil do samba-enredo*. Rio de Janeiro: Fundação Getúlio Vargas, 1998.

AZEVEDO, Elciene; *et al.* (Orgs.). *Trabalhadores na cidade:* cotidiano e cultura no Rio de Janeiro e em São Paulo (séculos XIX e XX). Campinas: Editora da Unicamp, 2009.

BARBOSA, Orestes. *Samba*: sua história, seus poetas, seus músicos e seus cantores. 2. ed. Rio de Janeiro: Funarte, 1978.

COSTA PINTO, Luiz de Aguiar. *O negro no Rio de Janeiro*: relações de raça em uma sociedade em mudança. 2. ed. Rio de Janeiro: Editora da UFRJ, 1998.

COTRIM, Cristiane; COTRIM, Ricardo (Orgs.). *Xangô da Mangueira:* recordações de um velho batuqueiro. Rio de Janeiro: Projeto Petrobrás Cultural, 2003.

CUNHA, Maria Clementina Pereira. *Ecos da folia*: uma história social do carnaval carioca entre 1880 e 1920. São Paulo: Companhia das Letras, 2001.

CUNHA, Olivia Maria Gomes da. *Intenção e gesto:* pessoa, cor e a produção cotidiana da (in)diferença no Rio de Janeiro (1927-1942). Rio de Janeiro: Arquivo Nacional, 2002.

EFEGÊ, Jota. *Figuras e coisas do carnaval carioca.* 2. ed. Rio de Janeiro: Funarte, 2007.

FARIAS, Juliana Barreto; SOARES, Carlos Eugenio Líbano; GOMES, Flávio dos Santos. *No labirinto das nações*: africanos e identidades no Rio de Janeiro, século XIX. Rio de Janeiro: Arquivo Nacional, 2005.

FERNANDES, Nelson da Nóbrega. *Escolas de samba:* sujeitos celebrantes e objetos celebrados. Rio de Janeiro: Arquivo Geral da Cidade do Rio de Janeiro, 1999.

GOMES, Tiago de Melo. Para além da casa da tia Ciata: outras experiências no universo cultural carioca (1830-1930). *Afro-*Ásia, Salvador, n. 29/30, p. 175-198, 2003.

GUIMARÃES, Francisco. *Na roda do samba.* Rio de Janeiro: Funarte, 1978.

KARASCH, Mary. *A vida dos escravos no Rio de Janeiro (1808-1850).* São Paulo: Companhia das Letras, 2000.

LARA, Silvia Hunold; PACHECO, Gustavo. *Memória do jongo*: as gravações históricas de Stanley Stein. Rio de Janeiro: Folha Seca; Campinas: Cecult, 2007.

LOPES, Antônio Herculano (Org.). *Entre Europa e África*: a invenção do carioca. Rio de Janeiro: Topbooks/Fundação Casa de Rui Barbosa, 2000.

MOURA, Roberto. *Tia Ciata e a pequena África do Rio de Janeiro.* 2. ed. Rio de Janeiro: Secretaria Municipal de Cultura, 1995.

OLIVEIRA FILHO, Arthur de. *Pioneiros do samba*: Bicho Novo, Carlos Cachaça e Ismael Silva. Rio de Janeiro: MIS Editorial, 2002.

SANDRONI, Carlos. *Feitiço decente*: transformações do samba no Rio de Janeiro (1917-1933). Rio de Janeiro: Zahar/Editora da UFRJ, 2001.

SELA, Eneida Maria Mercadante. *Modos de ser, modos de ver*: viajantes europeus e escravos africanos no Rio de Janeiro (1808-1850). Campinas: Editora da Unicamp, 2008.

SILVA, Marília T. Barboza; OLIVEIRA FILHO, Artur L. *Cartola*: os tempos idos. Rio de Janeiro: Funarte, 1983.

_____; _____. *Silas de Oliveira*: do jongo ao samba-enredo. Rio de Janeiro: Funarte, 1981.

SOARES, Carlos Eugênio Líbano. *A capoeira escrava e outras tradições rebeldes no Rio de Janeiro*, (1808-1850). 2. ed. Campinas: Editora da Unicamp, 2002.

_____. *A negregada instituição*: os capoeiras na Corte Imperial, 1850-1890. Rio de Janeiro: Access, 1999.

SOIHET, Raquel. *A subversão pelo riso*. Rio de Janeiro: Fundação Getúlio Vargas, 1998.

VELLOSO, Mônica Pimenta. As tias baianas tomam conta do pedaço... Espaço e identidade cultural no Rio de Janeiro. *Estudos Históricos*, Rio de Janeiro, v. 3, n. 6, p. 207-228, 1990.

_____. *As tradições populares na* belle époque *carioca*. Rio de Janeiro: Funarte, 1988.

VIANNA, Hermano. *O mistério do samba*. Rio de Janeiro: Zahar, 1995.

_____. *O mundo* funk *carioca*. Rio de Janeiro: Jorge Zahar Editor, 1988.

Racismo nos Estados Unidos – comparação com o Brasil

ALBERTO, Paulina. *Terms of inclusion*: black intellectuals in twentieth-century Brazil. Chapel Hill: The University of North Carolina Press, 2011.

ANDREWS, George Reid. *Blacks and whites in São Paulo, Brazil* (1888-1988). Madison: University of Wisconsin Press, 1991.

AZEVEDO, Celia Maria Marinho de. *Abolicionismo:* Estados Unidos e Brasil, uma história comparada (século XIX). São Paulo: Annablume, 2003.

BAILEY, Stanley. *Legacies of race*: identities, attitudes, and politics in Brazil. Redwood City: Stanford University Press, 2009.

BERLIN, Ira. *Gerações de cativeiro*: uma história da escravidão nos Estados Unidos. Rio de Janeiro: Record, 2006.

CICALO, André. *Urban encounters*: affirmative action and black identities in Brazil. New York: Palgrave Macmillan, 2012.

DANIEL, G. Reginald. *Race and multiraciality in Brazil and the Unites States*: converging paths? State College: The Penn State University Press, 2010.

DEGLER, Carl N. *Neither black nor white*: slavery and race relations in Brazil and the United States. Madison: University of Wisconsin Press, 1986.

_____. *Nem preto nem branco*: escravidão e relações raciais no Brasil e nos Estados Unidos. Rio de Janeiro: Labor do Brasil, 1976.

FERES JÚNIOR, João; OLIVEIRA, Marina Pombo; DAFLON, Verônica Toste (Orgs.). *Guia bibliográfico multidisciplinar*: ação afirmativa – Brasil; África do Sul; Índia; Estados Unidos. Rio de Janeiro: DP&A/LPP, 2007.

FONER, Eric. *Nada além da liberdade*: a emancipação e seu legado. Rio de Janeiro: Paz e Terra, 1988.

GOMES, Heloisa Toller. *As marcas da escravidão*: o negro e o discurso oitocentista no Brasil e nos Estados Unidos. 2. ed. Rio de Janeiro: Editora da Uerj, 2009.

GRUPO INTERNACIONAL DE TRABALHO E CONSULTORIA DA INICIATIVA COMPARATIVA DE RELAÇÕES HUMANAS. *Para além do racismo:* abraçando um futuro interdependente: Brasil, África do Sul, Estados Unidos – informativo geral. Atlanta: Southern Education Foundation, 1999.

HANCHARD, Michael George. *Orpheus and power*: the Movimento Negro of Rio de Janeiro and São Paulo, Brazil (1945-1988). Princeton: Princeton University Press, 1998.

_____. *Racial politics in contemporary Brazil*. Durham: Duke University Press, 1999.

HELLWIG, David. *African-American reflections on Brazil's racial paradise*. Philadelphia-PA: Temple University Press, 1992.

JOHNSON, Jacquelyn; VIEIRA, Vinicius Rodrigues (Eds.). *Retratos e espelhos*: raça e etnicidade no Brasil e nos Estados Unidos. São Paulo: FEA/USP, 2009.

LUZ, Nícia Vilela. *A Amazônia para os negros americanos*: as origens de uma controvérsia internacional. Rio de Janeiro: Saga, 1968.

MARX, Anthony W. *Making race and nation*: a comparison of South Africa, the United States, and Brazil (Cambridge Studies in Comparative Politics). Cambridge: Cambridge University Press, 1998.

MEDEIROS, Carlos A. *Na lei e na raça*: legislação e relações raciais, Brasil-Estados Unidos. Rio de Janeiro: DP&A, 2004.

NOGUEIRA, Oracy. *Tanto preto quanto branco*: estudos de relações raciais. São Paulo: T. A. Queiroz, 1985.

SEIGEL, Micol. *Uneven encounters*: making race and nation in Brazil and the United States. Durham: Duke University Press, 2009.

SKIDMORE, Thomas. *Preto no branco*: raça e nacionalidade no pensamento brasileiro (1870-1930). São Paulo: Companhia das Letras, 2012.

SOUZA, Jessé; SANT'ANNA, Alayde (Orgs.). *Multiculturalismo e racismo*: uma comparação Brasil-Estados Unidos. Brasília, DF: Paralelo 15, 1997.

TANNENBAUM, Frank. *Slave and citizen*: the classic comparative study of race relations in the Americas. Boston: Beacon Press, 1992.

TELLES, Edward. *Race in another America*: the significance of skin color in Brazil. Princeton: Princeton University Press, 2006.

_____. *Racismo à brasileira*: uma nova perspectiva sociológica. Rio de Janeiro: Relume Dumará/Fundação Ford, 2003.

THOMAS, Hugh. *The slave trade*: the story of the Atlantic slave trade – 1440-1870. New York: Simon & Schuster, 1999.

TOPLIN, Robert Brent. *Freedom and prejudice*: the legacy of slavery in the United States and Brazil. Westport: Praeger, 1981.

_____. *The abolition of slavery in Brazil* (studies in American Negro Life). New York: Scribner, 1975.

Negritude

ALBUQUERQUE, Wlamyra Ribeiro de; FRAGA FILHO, Walter (Orgs.). *Uma história do negro no Brasil*. Rio de Janeiro: Ministério da Cultura/Fundação Palmares, 2006.

ALMADA, Sandra. *Abdias Nascimento*: retratos do Brasil negro. São Paulo: Selo Negro, 2009.

ALVES, Uelinton Farias. *Cruz e Sousa*: Dante negro do Brasil. Rio de Janeiro: Pallas, 2008.

ANDREWS, George Reid. *Negros e brancos em São Paulo* (1888-1988). Bauru: Editora da USC, 1998.

ARAÚJO, Emanoel (Org.). *A mão afro-brasileira*. 2. ed. São Paulo: Imesp/Imprensa Oficial, 2010.

AZEVEDO, Thales de. *As elites de cor numa cidade brasileira*: um estudo de ascensão social e classes sociais e grupos de prestígio. 2. ed. Salvador: Editora da UFBA/EGBA, 1996.

BACELAR, Jeferson. *Mário Gusmão*: um príncipe negro na terra dos dragões da maldade. Rio de Janeiro: Pallas, 2006.

BARBOSA, Lucia Maria de Assunção; SILVA, Petrolina Beatriz Gonçalves e. *O pensamento negro em Educação no Brasil.* São Carlos: Editora da UFSCar, 1997.

_____; _____; SILVÉRIO, Valter Roberto (Orgs.). *De preto a afrodescendente:* trajetos de pesquisa sobre relações étnico-raciais no Brasil. São Carlos: Editora da UFSCar, 2003.

BARBOSA, Wilson do Nascimento; SANTOS, Joel Rufino dos. *Atrás do muro da noite*: dinâmica das culturas afro-brasileiras. Brasília, DF: Ministério da Cultura/Fundação Cultural Palmares, 1994.

BENTES, Nilma. *Negritando.* Belém: Graphite, 1993.

BERND, Zilá. *O que é negritude.* São Paulo: Brasiliense, 1988.

_____. *Poesia negra brasileira.* Porto Alegre: AGE, 1992.

BOAVENTURA, Edivaldo M.; SILVA, Ana Celia da (Orgs.). *O terreiro, a quadra e a roda*: formas alternativas de educação da criança negra em Salvador. Salvador: Programa de Pós-Graduação em Educação da UFBA, 2004.

BONATTI, Mário. *Negra bela raiz*: a presença negra na formação do Brasil. Aparecida: Vale Livros, 1991.

BRAGA, Luciano; MELO, Elisabete. *História da África e afro-brasileira*: em busca de nossas raízes. São Paulo: Selo Negro, 2010.

CARRILHO, Maria. *A sociologia da negritude.* Lisboa: Edições 70, 1975.

CASHMORE, Ellis. *Dicionário de relações étnicas e raciais.* São Paulo: Selo Negro, 2000.

CONCEIÇÃO, Fernando. *Negritude favelada*: a questão do negro e o poder na "democracia racial brasileira". Bahia: Edição do Autor, 1988.

COSTA, Haroldo. *Fala, crioulo.* Rio de Janeiro: Record, 1982.

CUTI, [Luiz Silva]; FERNANDES, Maria das Dores (Orgs.). *Consciência negra no Brasil*: os principais livros. Belo Horizonte: Mazza, 2002.

DAMASCENO, Benedita Gouveia. *Poesia negra no Modernismo brasileiro.* Campinas: Pontes, 1988.

DU BOIS, Willian Eduard B. *As almas da gente negra.* Rio de Janeiro: Lacerda Editores, 1999.

FERREIRA, Ricardo Alexino. Quando a imprensa branca fala da gente negra: a visão eurocêntrica da imprensa na cobertura de afrodescendentes. In: CARRANÇA, Flávio; BORGES, Rosane da Silva (Orgs.). *Espelho infiel*: o negro no jornalismo brasileiro. São Paulo: Imprensa Oficial do Estado de São Paulo, 2004.

FERREIRA, Ricardo Franklin. *Afrodescendente*: identidade em construção. São Paulo: Educ; Rio de Janeiro: Pallas, 2000.

FILHO, Mario. *O negro no futebol brasileiro*. 4. ed. Rio de Janeiro: Mauad, 2003.

FONSECA, Maria Nazareth Soares (Org.). *Brasil afro-brasileiro*. Belo Horizonte: Autêntica, 2000.

GÁ, Luiz Carlos; NASCIMENTO, Elisa Larkin (Orgs.). *Adinkra*: sabedoria em símbolos africanos. Rio de Janeiro: Pallas, 2009.

GOMES, Flávio dos Santos. *Negros e política* (1888-1937). Rio de Janeiro: Jorge Zahar, 2005.

GOMES, Nilma Lino. *A mulher negra que vi de perto*: o processo de construção da identidade racial de professoras negras. Belo Horizonte: Mazza, 1995.

_____. *Sem perder a raiz*: corpo e cabelo como símbolos da identidade negra. Belo Horizonte: Autêntica, 2006.

HASENBALG, Carlos; GONZALEZ, Lélia. *Lugar de negro*. Rio de Janeiro: Marco Zero, 1982.

HOFBAUER, Andreas. *Uma história de branqueamento ou o negro em questão*. São Paulo: Editora da Unesp, 2006.

LARANJEIRA, Pires. *A negritude africana de língua portuguesa*. Porto: Afrontamento, 1995.

LIMA, Heloisa Pires. *Histórias da preta*. São Paulo: Companhia das Letrinhas, 2006.

LODY, Raul; SABINO, Jorge. *Danças de matriz africana*: antropologia do movimento. Rio de Janeiro: Pallas, 2011.

LOPES, Nei. *Bantos, malês e identidade negra*. Belo Horizonte: Autêntica, 2008.

MOORE, Carlos. *Aimé Césaire*: discurso sobre a negritude. Belo Horizonte: Nandyala, 2010.

MOURA, Clóvis. *Dialética radical do Brasil negro*. São Paulo: Anita Garibaldi, 1994.

_____. *O negro, de bom escravo a mau cidadão?* Rio de Janeiro: Conquista, 1977.

MUNANGA, Kabengele. *Negritude*: usos e sentidos. 3. ed. Belo Horizonte: Autêntica, 2009.

_____. *Rediscutindo a mestiçagem no Brasil*: identidade nacional *versus* identidade negra. 3. ed. Belo Horizonte: Autêntica, 2008.

_____ (Org.). *Cem anos e mais de bibliografia sobre o negro no Brasil*. Brasília, DF: Fundação Cultural Palmares, 2003.

NASCIMENTO, Abdias. *Sortilégio II:* mistério negro de Zumbi redivivo. Rio de Janeiro: Paz e Terra, 1979.

_____ (Org.). *O negro revoltado* [texto do I Congresso do Negro Brasileiro]. 2. ed. Rio de Janeiro: Nova Fronteira, 1982. Disponível em: <http://issuu.com/institutopesquisaestudosafrobrasile/docs/o_negro_revoltado/45?e=9312919/5958082>. Acesso em: 20 maio 2015.

NASCIMENTO, Alexandre. Negritude e cidadania: o movimento dos cursos pré-vestibulares populares. In: ROMÃO, Jeruse (Org). *História da educação do negro e outras histórias.* Brasília, DF: Ministério da Educação, Secretaria de Educação Continuada, Alfabetização e Diversidade, 2005.

NASCIMENTO, Elisa Larkin. *O sortilégio da cor*: identidade, raça e gênero no Brasil. São Paulo: Selo Negro, 2003.

_____ (Org.). *Ancestralidade africana e cidadania*: o legado vivo de Abdias Nascimento. Rio de Janeiro: Ipeafro/PUC-Rio, 2004.

_____ (Org.). *Cultura em movimento*: matrizes africanas e ativismo negro no Brasil. São Paulo: Selo Negro, 2008.

_____ (Org.). *Dois negros libertários*. Rio de Janeiro: Ipeafro, 1985.

_____ (Org.). *Sankofa*: matrizes africanas da cultura brasileira. Rio de Janeiro: Editora da Uerj, 1997.

NEVES, Fernando. *Negritude, independência, revolução*. Paris: Edições Etc., 1975.

OLIVEIRA, Eduardo. *Quem é quem na negritude brasileira*. São Paulo: Congresso Nacional Afro-Brasileiro; Brasília, DF: Secretaria Nacional de Direitos Humanos do Ministério da Justiça, 1998.

PINSKY, Jaime. *A escravidão no Brasil*: a escravidão acabou? A vida cotidiana dos escravos – negritude e sexualidade. São Paulo: Contexto, 1988.

QUEIROZ, Sônia. *Pé preto no barro branco*: a língua dos negros de Tabatinga. Belo Horizonte: Editora da UFMG, 1998.

RODRIGUES, João Carlos. *O negro brasileiro e o cinema*. 3. ed. Rio de Janeiro: Pallas, Athenas, 2012.

SANTOS, Eduardo dos. *A negritude e a luta pelas independências na África portuguesa*. Lisboa: Minerva, 1975.

SANTOS, Thereza. *Malunga Thereza Santos*: a história de vida de uma guerreira. São Carlos: Editora da UFSCar, 2008.

SILVA, Alberto da Costa e. *Um rio chamado Atlântico*: a África no Brasil e o Brasil na África. Rio de Janeiro: Nova Fronteira/Editora da UFRJ, 2011.

SILVA, Joana Maria Ferreira da. *Centro de Cultura e Arte Negra* (Cecan). São Paulo: Selo Negro, 2012.

SILVA, Nelson Fernando Inocêncio da. *Consciência negra em cartaz*. Brasília, DF: Editora da UnB, 2001.

SIQUEIRA, Maria de Lourdes (Org.). *Imagens negras*: ancestralidade, diversidade e educação. Belo Horizonte: Mazza, 2006.

SOUZA, Florentina da Silva. *Afrodescendência em* Cadernos Negros *e* Jornal do MNU. Belo Horizonte: Autêntica, 2005.

TRIUMPHO, Vera R. S. (Org.). *Rio Grande do Sul*: aspectos da negritude. Porto Alegre: Martins Livreiro Editor, 1991.

Capítulo 2 – Como tratar da questão do negro em sala de aula

Africanos: geografia, história, cultura e civilização (obras gerais); origem do *Homo sapiens sapiens* e tempos pré-históricos

ARNOLD, David. *A época dos descobrimentos* (1400-1600). 2. ed. Lisboa: Gradiva, 1994.

AZIZ, Philippe. *Os impérios negros da Idade Média*. Rio de Janeiro: Otto Pierre Editores, 1978. (Grandes Civilizações Desaparecidas).

BERTAUX, Pierre. África: desde la Prehistoria hasta los Estados Actuales. México: Siglo XXI, 1992.

BRUSCHI, Sandro. *Campo e cidades da África antiga*. Maputo: FAPF/UEM/Cooperação Italiana, 2000.

CLARK, J. Desmond. *A pré-história da África*. Lisboa: Verbo, 1973.

COMITÊ CIENTÍFICO INTERNACIONAL DA UNESCO PARA REDAÇÃO DA HISTÓRIA GERAL DA ÁFRICA. *História geral da África.* 2. ed. rev. Brasília, DF: Unesco, 2010. 8 v. Disponível em: <http://portal.mec.gov.br/index.php?option=com_content&view =article&id=16146>. Acesso em: 20 maio 2015.

COPPENS, Yves. *O macaco, a África e o homem.* Lisboa: Gradiva, [s.d.].

COQUERY-VIDROVITCH, Catherine. *A descoberta da África.* 2. ed. Lisboa: Edições 70, 2004.

CORRÊA, Mariza (Org.). Ensaios sobre a África do Norte. *Textos Didáticos,* Campinas, n. 46, fev. 2002.

DAVIDSON, Basil. *A descoberta do passado da África.* Lisboa: Sá da Costa, 1981.

_____. *La historia de África.* Barcelona: Folio, 1992.

_____. *Os africanos*: uma introdução à sua história cultural. Lisboa: Edições 70, 1981.

_____. *Revelando a velha África.* 2. ed. Lisboa: Prelo, 1977.

DEL PRIORE, Mary; VENÂNCIO, Renato Pinto. *Ancestrais*: uma introdução à história da África atlântica. Rio de Janeiro: Elsevier, 2004.

FAGE, John D. *História da África.* Lisboa: Edições 70, 1997.

_____; OLIVER, Roland. *Breve história da África.* Lisboa: Sá da Costa, 1980.

FORD, Clyde W. *O herói com rosto africano*: mitos da África. São Paulo: Selo Negro, 1999.

FROBENIUS, Leo; FOX, Douglas C. *A gênese africana*: contos, mitos e lendas da África. São Paulo: Martin Claret, 2010.

GIORDANI, Mário Curtis. *História da África*: anterior aos descobrimentos. 4. ed. Petrópolis: Vozes, 1985.

IBAÑEZ, Vicente Blasco. *A volta ao mundo*: Índia. Ceilao. Nubia. Egito. Lisboa: Livraria Peninsular Editora, 1931. t. III.

ILLIFE, John. *Os africanos*: história de um continente. Lisboa: Terramar, 1999.

KI-ZERBO, Joseph. *História da África negra.* Lisboa: Europa-América, 1991. 2 v.

LOVEJOY, Paul E. *A escravidão na África*: uma história de suas transformações. Rio de Janeiro: Civilização Brasileira, 2002.

LUZ, Marco Aurélio. *Agadá*: dinâmica da civilização africano-brasileira. Salvador: CED/Secneb, 1995.

MANTRAN, Robert. *A expansão muçulmana* (séculos VII a XI). São Paulo: Pioneira, 1982.

M'BOKOLO, Elikia. *África negra*: história e civilizações (até o século XVIII). Salvador: Editora da UFBA, 2009. t. I.

_____. *África negra*: história e civilizações (do século XIX aos nossos dias). Salvador: Editora da UFBA, 2011. t. II.

MOKHTAR, Ghezelbash (Coord.). *África antiga*. São Paulo: Ática, 1983.

MURRAY, Jocelyn. *África*: o despertar de um continente. Madrid: Ediciones del Prado, 1996. 2 v.

NIANE, Djibril. *Sundjata ou a epopeia Mandinga*. São Paulo: Ática, 1982.

OLIVER, Roland. *A experiência africana*: da pré-história aos dias atuais. Rio de Janeiro: Zahar, 1994.

PAULME, Denise. *As civilizações africanas*. Mem Martins: Europa-América, 1996.

PERES, Damião. *Os mais antigos roteiros da Guiné*. Vários autores. Lisboa: Academia Portuguesa da História, 1952.

READER, John. África: biografia de um continente. Lisboa: Europa--América, 2004.

SANTOS, Irineia M. Franco dos; BARBOSA, Muryatan Santana. 1.000 livros sobre a História da África. *Sankofa*: Revista de História da África e de Estudos da Diáspora Africana, n. 3, p. 118-142, jun. 2009.

SANTOS, João dos. *Etiópia Oriental*. Lisboa: Alfa, 1989.

SILVA, Alberto da Costa e. *A África explicada aos meus filhos*. Rio de Janeiro: Agir, 2008.

_____. *A enxada e a lança*: a África antes dos portugueses. 5. ed. rev. e ampl. Rio de Janeiro: Nova Fronteira, 2011.

_____; SOUZA, Mônica Lima. *A África antes dos portugueses*. Rio de Janeiro: Nova Fronteira, 2012.

SILVA, Gilvan Ventura da; CAMPOS, Adriana Pereira (Orgs.). *Os reinos africanos na Antiguidade e Idade Média*: uma história para ser (re) contada. Vitória: GM, 2011.

SOW, Alpha I.; *et al. Introdução à cultura africana*. Lisboa: Edições 70, 1977.

Africanos – civilização egípcia, reinos do Sudão, povos sem Estado

BAINES, John; MÁLEK, Jaromir. *O mundo egípcio*. Madrid: Ediciones del Prado, 1996. 2 v.

BAKR, A. Abu. O Egito faraônico. In: MOKHTAR, Gamal (Ed.). *História geral da África*: África antiga. 2. ed. rev. Brasília, DF: Unesco, 2010. v. 2, cap. 2. Disponível em: <http://portal.mec.gov.br/index.php?option=com_content&view=article&id=16146>. Acesso em: 20 maio 2015.

BELTRAN, Luis. O Islã, a cultura e a língua árabes na África Negra. *Afro-Ásia*, Salvador, n. 8/9, p. 41-49, 1969.

COMITÊ CIENTÍFICO INTERNACIONAL DA UNESCO PARA REDAÇÃO DA HISTÓRIA GERAL DA ÁFRICA. *História geral da África*. 2. ed. rev. Brasília, DF: Unesco, 2010. 8 v. Disponível em: <http://portal.mec.gov.br/index.php?option=com_content&view=article&id=16146>. Acesso em: 20 maio 2015.

DIOP, Cheikh Anta. Origem dos antigos egípcios. In: MOKHTAR, Gamal (Ed.). *História geral da África*: África antiga. 2. ed. rev. Brasília, DF: Unesco, 2010. v. 2, cap. 1. Disponível em: <http://portal.mec.gov.br/index.php?option=com_content&view=article&id=16146>. Acesso em: 20 maio 2015.

GODINHO, Vitorino de Magalhães. O "Mediterrâneo" saariano e as caravanas do ouro: geografia econômica e social do Saara Ocidental e Central do século XI ao século XVI. *Revista de História (USP)*, São Paulo, v. 11-12, n. 23-25, 1955-1956.

IBAÑEZ, Vicente Blasco. *A volta ao mundo*: Índia. Ceilão. Núbia. Egito. Lisboa: Livraria Peninsular Editora, 1931. t. III.

KI-ZERBO, Joseph. *História da África negra*. Lisboa: Europa-América, 1991. 2 v.

MAIER, Félix. *Egito*: uma viagem ao berço da nossa civilização. Brasília, DF: Thesaurus, 1995.

M'BOKOLO, Elikia. África *negra*: história e civilizações (até o século XVIII). Salvador: Editora da UFBA, 2009. t. I.

_____. África *negra*: história e civilizações (do século XIX aos nossos dias). Salvador: Editora da UFBA, 2011. t. II.

MOKHTAR, Gamal. Introdução geral. In: _____ (Ed.). *História geral da África*: África antiga. 2. ed. rev. Brasília, DF: Unesco, 2010. v. 2. Disponível em: <http://portal.mec.gov.br/index.php?option=com_content&view=article&id=16146>. Acesso em: 20 maio 2015.

PUTNAM, James. *A antiguidade egípcia*: história, arte e cultura. Lisboa: Estampa, 2000.

SANTOS, Irineia M. Franco dos; BARBOSA, Muryatan Santana. 1.000 livros sobre a História da África. *Sankofa*: Revista de História da África e de Estudos da Diáspora Africana, n. 3, p. 118-142, jun. 2009.

SHINNIE, P. L. *Méroe*: uma civilização do Sudão. Lisboa: Verbo, 1974.

YOYOTTE, J. O Egito faraônico: sociedade, economia e cultura. In: MOKHTAR, Gamal (Ed.). *História geral da África*: África antiga. 2. ed.rev.Brasília,DF:Unesco,2010.v.2,cap.3.Disponívelem:<http://portal.mec.gov.br/index.php?option=com_content&view=article&id=16146>. Acesso em: 20 maio 2015.

ZAYED, Abd El Hamid. Relações do Egito com o resto da África. In: MOKHTAR, Gamal (Ed.). *História geral da África*: África antiga. 2. ed.rev.Brasília,DF:Unesco,2010.v.2,cap.4.Disponívelem:<http://portal.mec.gov.br/index.php?option=com_content&view=article&id=16146>. Acesso em: 20 maio 2015.

Africanos: chegada dos europeus, crioulos, iorubás (nagôs); Benin, Angola, Moçambique

ADESOJI, Michael Ademola. *Nigéria*: história, costumes – cultura do povo iorubá e a origem dos seus orixás. Salvador: Gráfica Central, 1990.

ALENCASTRO, Luiz Felipe de. *O trato dos viventes*: formação do Brasil no Atlântico Sul. São Paulo: Companhia das Letras, 2000.

ALEXANDRE, Valentim; DIAS, Jill (Orgs.). *O império africano* (1825-1890). Lisboa: Estampa, 1998.

ALMADA, André Alvares de. *Tratado breve dos rios de Guiné de Cabo Verde*. Lisboa: Liam, 1964.

ALMEIDA, Pedro Ramos de. *Portugal e a escravatura em África*: cronologia do século XV ao século XIX. Lisboa: Estampa, 1978.

ALTUNA, Raul Ruiz de Asúa. *Cultura tradicional bantu*. 2. ed. Luanda: Paulinas de Angola, 2006.

ANJOS, José Carlos Gomes dos. Elites intelectuais e a conformação da identidade nacional em Cabo Verde. *Estudos Afro-Asiáticos*, Rio de Janeiro, v. 25, n. 3, p. 579-596, 2003.

AUGRAS, Monique. *O duplo e a metamorfose*: a identidade mítica em comunidades nagô. Petrópolis: Vozes, 1983.

BIRMINGHAM, David. *A África Central até 1870*. Luanda: Empresa Nacional do Disco e de Publicações IUEE, 1992.

BIRMINGHAM, David. *A conquista portuguesa de Angola*. Porto: Regra do Jogo, 1974.

BITTENCOURT, Marcelo. *"Estamos Juntos!"*: o MPLA e a luta anticolonial (1961-1974). Luanda: Kilombelombe, 2008.

BOAVIDA, Américo. *Angola*: cinco séculos de exploração portuguesa. Lisboa: Edições 70, 1981.

BOUBACAR, Barry. *Senegâmbia*: o desafio da História regional. Amsterdã: Sephis; Rio de Janeiro: Centro de Estudos Afro-Asiáticos, 2000. Disponível em: <http://casadasafricas.org.br/wp/wp-content/uploads/2011/08/Senegambia-O-desafio-da-historia-regional.pdf>. Acesso em: 21 maio 2015.

BRUNSCHWIG, Henri. *A partilha da África negra*. 2. ed. São Paulo: Perspectiva, 2006.

CAPELA, José. *Moçambique pelo seu povo*. 2. ed. Porto: Afrontamento, 1974.

_____. *O escravismo colonial em Moçambique*. Porto: Afrontamento, 1993.

CARDOSO, Mateus. *História do Reino do Congo*. Lisboa: Centro de Estudos Históricos Ultramarinos, 1969.

CARREIRA, António. *Cabo Verde*: classes sociais, estrutura familiar, migrações. Lisboa: Ulmeiro, 1977.

CARRION, Dirce (Org.). *Brasil-Congo*: olhares cruzados – Diadema-Kinshasa. São Paulo: Reflexo, 2007.

CAVAZZI, Giovanni Antonio. *Descrição histórica dos três reinos do Congo, Matamba e Angola*. Tradução de Graciano Maria de Leguzzano. Lisboa: Junta de Investigação do Ultramar, 1965.

COELHO, Francisco de Lemos. *Duas descrições seiscentistas da Guiné*. Lisboa: Academia Portuguesa de História, 1990.

COMITÊ CIENTÍFICO INTERNACIONAL DA UNESCO PARA REDAÇÃO DA IIISTÓRIA GERAL DA ÁFRICA. *História geral da África*. 2. ed. rev. Brasília, DF: Unesco, 2010. 8 v. Disponível em: <http://portal.mec.gov.br/index.php?option=com_content&view=article&id=16146>. Acesso em: 20 maio 2015.

CORTESÃO, Jaime. *Os portugueses em África*. Lisboa: Portugália, 1968.

COUTO, Mia. *Um rio chamado tempo, uma casa chamada terra*. São Paulo: Companhia das Letras, 2003.

DIAS, Jilll R. *África*: nas vésperas do mundo moderno. Lisboa: Comissão Nacional para as Comemorações dos Descobrimentos Portugueses, 1992.

EVANS-PRITCHARD, E. E. *Bruxaria, oráculos e magia entre os Azande*. Rio de Janeiro: Zahar, 2004.

FERNANDES, Gabriel. *A diluição da África*: uma interpretação da saga identitária cabo-verdiana no panorama político (pós-)colonial. Florianópolis: Editora da UFSC, 2002.

FONSECA JÚNIOR, Eduardo. *Dicionário yorubá (nagô)-português*. 2. ed. Rio de Janeiro: Civilização Brasileira, 1993.

FRY, Peter (Org.). *Moçambique*: ensaios. Rio de Janeiro: Editora da UFRJ, 2001.

GEBARA, Alexsander Lemos de Almeida. *A África de Richard Francis Burton*. São Paulo: Alameda, 2010.

GURAN, Milton. *Agudás*: os "brasileiros" do Benin. Rio de Janeiro: Nova Fronteira, 2000.

HATZFELD, Jean. *Uma temporada de facões*: relatos do genocídio em Ruanda. São Paulo: Companhia das Letras, 2005.

HERNANDEZ, Leila Maria Gonçalves Leite. *A África na sala de aula*: visita à história contemporânea. São Paulo: Selo Negro, 2005.

_____. *Os filhos da Terra do Sol*: a formação do Estado-nação em Cabo Verde. São Paulo: Summus, 2002.

HOCHSCHILD, Adam. *O fantasma do Rei Leopoldo*: uma história de cobiça, terror e heroísmo na África Colonial. São Paulo: Companhia das Letras 1999.

HOMEM, Eduardo; CORRÊA, Sonia. *Moçambique*: primeiras machambas. Rio de Janeiro: Margem, 1977.

ÌDÒWÚ, Gideon Babalolá. *Uma abordagem moderna ao yorùbá [nagô]* – Nigéria: gramática, exercícios, minidicionário. Porto Alegre: Palmarinca, 1990.

ISAACMAN, Allen F.; ISSACMAN, Barbara. *A tradição de resistência em Moçambique*: o vale do Zambeze (1850-1921). Porto: Afrontamentos, 1979.

KI-ZERBO, Joseph. *Para quando a África?* Entrevista com René Holenstein. Rio de Janeiro: Pallas, 2006.

LOPES, Carlos. *Kaabunké*: espaço, território e poder na Guiné-Bissau, Gâmbia e Casamance pré-coloniais. Lisboa: Comissão Nacional para as Comemorações dos Descobrimentos Portugueses, 1999.

LOVEJOY, Paul E. *A escravidão na África*: uma história de suas transformações. Rio de Janeiro: Civilização Brasileira, 2002.

MACEDO, José Rivair (Org.). *Desvendando a História da África*. Porto Alegre: Editora da UFRGS, 2008.

M'BOKOLO, Elikia. *África negra*: história e civilizações (até o século XVIII). Salvador: Editora da UFBA, 2009. t. I.

_____. *África negra*: história e civilizações – do século XIX aos nossos dias. Salvador: Editora da UFBA, 2011. t. III.

MENDY, Peter Michael Karibe. *Colonialismo português em África*: a tradição de resistência na Guiné-Bissau (1879-1959). Bissau: Instituto Nacional de Estudos e Pesquisa, 1994.

MILLER, Joseph. *Poder político e parentesco*: os antigos Estados Mbundu em Angola. Luanda: Arquivo Histórico, 1995.

MONTEIRO, Fernando Amaro; ROCHA, Teresa Vasquez. *A Guiné do século XVII ao século XIX*: o testemunho dos manuscritos. Lisboa: Prefácio, 2004.

NEWITT, Malyn. *História de Moçambique*. Sintra: Europa-América, 1997.

PANTOJA, Selma A. *Uma antiga civilização africana*: história da África Central Ocidental. Brasília, DF: Editora da UnB, 2011.

_____ (Org.). *Culturas negras no Atlântico*. Brasília: Editora da UnB, 2007.

_____ (Org.). *Entre Áfricas e Brasis*. Brasília, DF: Paralelo 15, 2001.

_____ (Org.). *Identidades, memórias e História em terras africanas*. São Paulo: LGE; Luanda: Nzila, 2006.

_____; SARAIVA, José Flávio Sombra (Orgs.). *Angola e Brasil na rota do Atlântico Sul*. Rio de Janeiro: Bertrand do Brasil, 1999.

PÉLISSIER, René. *História da Guiné*: portugueses e africanos na Senegâmbia (1841-1936). 2. ed. Lisboa: Estampa, 2001.

_____. *História de Moçambique*: formação e oposição (1854-1918). Lisboa: Estampa, 1987. t. I.

_____. *História de Moçambique*: formação e oposição (1854-1918). Lisboa: Estampa, 1988. t. II.

RITA-FERREIRA, António. *Fixação portuguesa e história pré-colonial de Moçambique*. Lisboa: Instituto de Investigação Científica Tropical/Junta de Investigações Científicas do Ultramar, 1982.

SANTOS, Irineia M. Franco dos; BARBOSA, Muryatan Santana. 1.000 livros sobre a História da África. *Sankofa*: Revista de História da África e de Estudos da Diáspora Africana, n. 3, p. 118-142, jun. 2009.

SANTOS, Juana Elbein dos. *Os nàgô e a morte*. 10. ed. Petrópolis: Vozes, 2001.

SERRANO, Carlos; MUNANGA, Kabengele. *A revolta dos colonizados*: o processo de descolonização e as independências da África e da Ásia. 4. ed. São Paulo: Atual, 1995.

SILVA, Alberto da Costa e. *A manilha e o libambo*: a África e a escravidão (de 1500 a 1700). Rio de Janeiro: Nova Fronteira, 2002.

_____. *Francisco Félix de Souza*: mercador de escravos. Rio de Janeiro: Nova Fronteira, 2004.

_____. *Um rio chamado Atlântico*: a África no Brasil e o Brasil na África. Rio de Janeiro: Nova Fronteira/Editora da UFRJ, 2011.

SOARES, Mariza de Carvalho (Org.). *Rotas atlânticas da diáspora africana:* da baía do Benim ao Rio de Janeiro. Niterói: Editora da UFF, 2007.

SOUSA JUNIOR, Vilson Caetano de. *Nagô*: a nação de ancestrais itinerantes. Salvador: Editora FIB Centro Universitário/Uneb, 2005.

TELES, Padre Baltasar. *História da Etiópia*. Lisboa: Alfa, 1989.

THORNTON, John. *A África e os africanos na formação do mundo atlântico* (1400-1800). Rio de Janeiro: Elsevier, 2004.

TUDU, Safiya Hussaini Tungar. *Eu, Safiya*: a história da nigeriana que sensibilizou o mundo. Campinas: Verus, 2004.

VERGER, Pierre Fatumbi. *Ewé*: o uso das plantas na sociedade iorubá. 3. ed. São Paulo: Companhia das Letras, 1995.

WESSELING, H. L. *Dividir para dominar*: a partilha da África (1880-1990). Rio de Janeiro: Revan/Editora da UFRJ, 1998.

Tráfico negreiro

ALENCASTRO, Luiz Felipe de. *O trato dos viventes*: formação do Brasil no Atlântico Sul. São Paulo: Companhia das Letras, 2000.

ARAÚJO, Ubiratan Castro de. *1846*: um ano na rota Bahia-Lagos – negócios, negociantes e outros parceiros. *Afro-Ásia*, Salvador, n. 21/22, p. 83-110, 1998-1999.

BOCCIA, Ana Maria Martins; MALERBI, Eneida Maria. O contrabando de escravos para São Paulo. *Revista de História (USP)*, São Paulo, v. 56, n. 112, p. 321-379, out./dez. 1977.

CANABRAVA, Alice P. Um desembarque clandestino de escravos em Cananeia. *Revista de História (USP)*, São Paulo, v. 1, n. 4, p. 559-562, out.-dez. 1950.

CAPELA, José. *As burguesias portuguesas e a abolição do tráfico da escravatura* (1810-1842). Porto: Afrontamento, 1979.

CARVALHO, Marcus Joaquim M. de. Estimativa do tráfico ilegal de escravos para Pernambuco, na primeira metade do século XIX. *Clio*: Revista de Pesquisa Histórica da UFPE, Recife, v. 12, p. 43-54, 1989.

_____. *Liberdade*: rotinas e rupturas do escravismo no Recife (1825-1850). 2. ed. Recife: Editora Universitária da UFPE, 2010.

ELTIS, David; BEHRENDT, Stephen D.; RICHARDSON, David. A participação dos países da Europa e das Américas no tráfico transatlântico de escravos: novas evidências. *Afro-Ásia*, Salvador, n. 24, p. 9-50, 2000.

FERREIRA, Roquinaldo. Fazendeiros e traficantes nas últimas décadas do tráfico ilegal de escravos no Brasil. *Revista Internacional de Estudos Africanos*, Lisboa, 2001.

FLORENTINO, Manolo. *A paz das senzalas*: famílias escravas e tráfico atlântico, Rio de Janeiro, (c.1790-c.1850). Rio de Janeiro: Civilização Brasileira, 1997.

_____. *Em costas negras*: uma história do tráfico entre a África e o Rio de Janeiro (séculos XVII e XIX). 4. ed. São Paulo: Companhia das Letras, 2010.

_____ (Org.). *Tráfico, cativeiro e liberdade*: Rio de Janeiro, séculos XVII-XIX. Rio de Janeiro: Civilização Brasileira, 2005.

_____; RIBEIRO, Alexandre Vieira; SILVA, Daniel Domingues da. Aspectos comparativos do tráfico de africanos para o Brasil (séculos XVIII e XIX). *Afro-Ásia*, Salvador, n. 31, p. 83-126, 2004.

FRAGOSO, João; *et al.* (Orgs.). *Nas rotas do Império*: eixos mercantis, tráfico e relações sociais no mundo português. 2. ed. Vitória: Editora da Ufes, 2014.

GOULART, Mauricio. *A escravidão africana no Brasil*: das origens à extinção do tráfico. São Paulo: Martins, 1949.

GRAHAM, James D. O tráfico de escravos, despovoamento e sacrifícios humanos na história de Benin. *Afro-Ásia*, Salvador, n. 4/5, p. 35-52, 1967.

HORNE, Gerald. *O sul mais distante*: os Estados Unidos, o Brasil e o tráfico de escravos africanos. Rio de Janeiro: Companhia das Letras, 2010.

KLEIN, Herbert S. Novas interpretações do tráfico de escravos do Atlântico. *Revista de História (USP)*, São Paulo, n. 120, p. 3-25, jan./jul. 1989.

KLEIN, Herbert S. *O comércio atlântico de escravos*: quatro séculos de comércio esclavagista. Lisboa: Replicação, 2002.

_____. *O tráfico de escravos no Atlântico*. Ribeirão Preto: Funpec, 2004.

LAW, Robin. A comunidade brasileira de Uidá e os últimos anos do tráfico atlântico de escravos (1850-66). *Afro-Ásia*, Salvador, n. 27, p. 41-77, 2002.

LEITE, Alfredo Carlos Teixeira. *O tráfico negreiro e a diplomacia britânica*. Caxias do Sul: Educs, 1998.

LIMA, Carlos A. M. Cafeicultores, produtores de açúcar e tráfico de escravos na província de São Paulo (1825-1850). *Revista de História Comparada (UFRJ)*, Rio de Janeiro, v. 6, p. 168-199, 2012.

LOPES, Gustavo Acioli; MAC MENZ, Maximiliano. Resgate e mercadorias: uma análise comparada do tráfico luso-brasileiro de escravos em Angola e na Costa da Mina (século XVIII). *Afro-Ásia*, Salvador, v. 37, p. 43-72, 2008.

MACEDO, Sérgio D. T. de. *Apontamentos para a história do tráfico negreiro no Brasil*. Rio de Janeiro: Luiz D. Fernandes, 1941.

MAMIGONIAN, Beatriz G. A proibição do tráfico atlântico e a manutenção da escravidão. In: GRINBERG, Keila; SALLES, Ricardo (Orgs.). *O Brasil Imperial*: (1808-1831). Rio de Janeiro: Civilização Brasileira, 2009. v. 1.

_____; GRINBERG, Keila (Orgs.). Para inglês ver? Revisitando a lei de 1831. *Estudos Afro-Asiáticos*, Rio de Janeiro, n. 1/2/3, jan.-dez. 2007.

MILLER, Joseph C. O Atlântico escravista: açúcar, escravos e engenhos. *Afro-Ásia*, Salvador, n. 19/20, p. 9-36, 1997.

NARDI, Jean Baptiste. *Sistema colonial e tráfico negreiro*: novas interpretações da história brasileira. Campinas: Pontes, 2002.

PARRON, Tâmis. *A política da escravidão no Império do Brasil*, (1826-1865). Rio de Janeiro: Civilização Brasileira, 2011.

PEREIRA, Walter Luiz Carneiro de Mattos. Além das fronteiras: tráfico ilegal e trilhas interprovinciais. In: CORTE, Andréa Telo de (Org.). *História fluminense*: novos estudos. Niterói: Funarj/Imprensa Oficial do Rio de Janeiro, 2012.

REDIKER, Marcus. *O navio negreiro*: uma história humana. São Paulo: Companhia das Letras, 2011.

REIS, João José; GOMES, Flávio dos Santos; CARVALHO, Marcus J. M. de. *O alufá Rufino*: tráfico, escravidão e liberdade no Atlântico negro (c.1823-c.1853). São Paulo: Companhia das Letras, 2010.

RODRIGUES, Jaime. *De costa a costa*: escravos, marinheiros e interme-diários do tráfico negreiro de Angola ao Rio de Janeiro (1780 -1860). São Paulo: Companhia das Letras, 2005.

_____. *O infame comércio*: propostas e experiências no final do tráfi-co de africanos para o Brasil (1800-1850). Campinas: Editora da Unicamp/Cecult, 2000.

RODRIGUES, José Honório. *Brasil e África*: outro horizonte. Rio de Ja-neiro: Civilização Brasileira, 1961.

SANTOS, Joel Rufino dos. *Na rota dos tubarões*: o tráfico negreiro e ou-tras viagens. Rio de Janeiro: Pallas, 2008.

SILVA, Alberto da Costa e. *Francisco Félix de Souza*: mercador de escra-vos. Rio de Janeiro: Nova Fronteira, 2004.

SILVA, Ricardo Tadeu Caíres. Memórias do tráfico ilegal de escravos nas Ações de Liberdade (Bahia, 1885-1888). *Afro-Ásia*, Salvador, n. 35, p. 37-82, 2007.

TAVARES, Luís Henrique Dias. *Comércio proibido de escravos*. São Pau-lo: Ática, 1988.

VERGER, Pierre Fatumbi. *Fluxo e refluxo do tráfico de escravos entre o Golfo do Benin e a Bahia de Todos os Santos* (dos séculos XVII a XIX). Salvador: Corrupio, 2002.

Rebeldia negra

ANDRADE, Marcos Ferreira de. Rebeliões escravas na comarca do Rio das Mortes, Minas Gerais: o caso Carrancas. *Afro-Ásia*, Salvador, n. 21/22, p. 45-82, 1999.

CALMON, Pedro. *Os malês*: a insurreição da senzala. Petrópolis: Pro Luce, 1933.

FERREIRA, Ricardo Alexandre. *Crimes em comum*: escravidão e liber dade sob a pena do Estado Imperial brasileiro. São Paulo: Editora da Unesp, 2011.

_____. *Senhores de poucos escravos*: cativeiro e criminalidade num ambiente rural (1830-1888). São Paulo: Editora da Unesp, 2005.

GOMES, Flávio dos Santos. *História de quilombolas*: mocambos e co-munidades de senzalas no Rio de Janeiro (século XIX). ed. rev. e ampl. São Paulo: Companhia das Letras, 2006.

GUIMARÃES, Elione S. *Violência entre parceiros de cativeiro*: Juiz de Fora (segunda metade do século XIX). São Paulo: Annablume, 2006.

JESUS, Alysson Luiz Freitas de. *No sertão das Minas*: escravidão, violência e liberdade no norte de Minas (1830-1888). São Paulo: Annablume, 2007.

JUREMA, Aderbal. *Insurreições negras no Brasil*. Recife: Mazart, 1935.

LIMA, Lana Lage da Gama. *Rebeldia negra e abolicionismo*. Rio de Janeiro: Achiamé, 1981.

MACHADO, Maria Helena Pereira Toledo. *Crime e escravidão*: trabalho, luta e resistência nas lavouras paulistas (1830-1888). São Paulo: Brasiliense, 1987.

_____. "Teremos grandes desastres, se não houver providências enérgicas e imediatas": a rebeldia dos escravos e a abolição da escravidão. In: GRINBERG, Keila; SALLES, Ricardo (Orgs.). *O Brasil Imperial* (1870-1899). Rio de Janeiro: Civilização Brasileira, 2009. v. 3.

NASCIMENTO, Álvaro Pereira do. *Cidadania, cor e disciplina na Revolta dos Marinheiros de 1910*. Rio de Janeiro: Mauad, 2008.

PINAUD, João Luiz *et al.* Insurreição negra e justiça: Paty do Alferes (1838). Rio de Janeiro: Expressão e Cultura/OAB, 1987.

PIROLA, Ricardo Figueiredo. *Senzala insurgente*: malungos, parentes e rebeldes nas fazendas de Campinas (1832). Campinas: Editora da Unicamp, 2011.

QUEIROZ, Jonas Marçal de. Escravidão, crime e poder: a "rebeldia negra" e o processo político da abolição. *Revista de História Regional*, Ponta Grossa, v. 13, n. 2, p. 7-45, 2008.

QUEIROZ, Suely Robles Reis de. *Escravidão negra em São Paulo*: um estudo das tensões provocadas pelo escravismo no século XIX. Rio de Janeiro: Instituto Nacional do Livro; Brasília, DF: Ministério da Educação e Cultura, 1977.

_____. Rebeldia escrava e historiografia. *Estudos Econômicos*, São Paulo, v. 17, número especial, p. 7-35, 1987.

REIS, João José. *Rebelião escrava no Brasil*: a história do levante dos malês em 1835. 2. ed. rev. e ampl. São Paulo: Companhia das Letras, 2003.

_____; SILVA, Eduardo. *Negociação e conflito*: a resistência negra no Brasil escravista. São Paulo: Companhia das Letras, 1989.

SOARES, Carlos Eugênio Líbano. *A capoeira escrava e outras tradições rebeldes no Rio de Janeiro,* (1808-1850). 2. ed. Campinas: Editora da Unicamp, 2002.

SOARES, Carlos Eugênio Líbano. *A negregada instituição*: os capoeiras na Corte Imperial (1850-1890). Rio de Janeiro: Access, 1999.

Rainha Ginga (ou Nzinga)

CASCUDO, Luís da Câmara. *Made in África*. 4. ed. São Paulo: Global Editora, 2002.

CASTILHON, J.-L. *Zingha, Reine D'Angola*: histoire. Bourges: Ganymede, 1993.

CAVAZZI, Giovanni Antonio. *Descrição histórica dos três reinos do Congo, Matamba e Angola*. Tradução de Graciano Maria de Leguzzano. Lisboa: Junta de Investigação do Ultramar, 1965.

FONSECA, Mariana Bracks. Rainha Nzinga Mbandi, imbangalas e portugueses: as guerras nos *kilombos* de Angola no século XVII. *Cadernos de Pesquisa do CDHIS*, Uberlândia, v. 23, n. 2, p. 391-415, jul.-dez. 2010.

GLASGOW, Roy Arthur. *Nzinga*: resistência africana à investida do colonialismo português em Angola (1582-1663). São Paulo: Perspectiva, 1982.

MATA, Inocência (Org.). *A rainha Nzinga Mbandi*: história, memória e mito. Lisboa: Edições Colibri, 2012.

MILLER, Joseph C. Nzinga of Matamba in a new perspective. *Journal of African History*, Cambridge, v. 16, n. 2, p. 201-216, 1975.

MIRANDA, Manuel Ricardo. *Ginga*: rainha de Angola. Lisboa: Oficina do Livro, 2008.

MUSSA, Alberto. *O trono da rainha Jinga*. Rio de Janeiro: Nova Fronteira, 1999.

OLIVEIRA, Maria Anória de Jesus. Discurso histórico e narrativa literária: entrelaces na tessitura da rainha africana Nzinga Mbandi. *Revista Tricontinental*, v. 1, p. 123-140, 2008.

PANTOJA, Selma A. *Nzinga Mbandi*: mulher, guerra e escravidão. Brasília, DF: Thesaurus, 2000.

PARREIRA, Adriano. *Economia e sociedade em Angola na época da rainha Jinga*, século XVII. Lisboa: Editorial Estampa, 1997.

PECARIVA, Manuel Pedro. *Nzinga Mbandi*. Lisboa: Edições 70, 1979.

SERRANO, Carlos M. H. Ginga, a rainha quilombola de Matamba e Angola. *Revista USP*, São Paulo, n. 28, p. 136-141, dez. 1995-fev. 1996.

SOROMENHO, Castro. Portrait de Jinga, reine de Ngola et de Matamba. *Presence Africaine*, Paris, n. 42, p. 47-53, 1962.

SOUZA, Marina de Mello e. A rainha Jinga de Matamba e o catolicismo – África Central (século XVII). In: FERREIRA, Jerusa Pires; ÁREAS, Vilma (Orgs.). *Marlyse Meyer nos caminhos do imaginário*. São Paulo: Edusp, 2009.

WEBER, Priscila. Nzinga Mbandi: representações de poder e feminilidade na obra do padre Cavazzi de Montecúccolo. *Aedos*: Revista do Corpo Discente do Programa de Pós-Graduação em História da UFRGS, Porto Alegre, v. 3, n. 7, p. 97-110, 2011.

WEBER, Priscila Maria. *História da África e dos afrodescendentes no Brasil*: Nzinga Mbandi em perspectiva. Porto Alegre: Rígel, 2012.

Palmares

ALLEN, Scott Joseph. Os desafios da arqueologia de Palmares. In: GOMES, Flávio dos Santos (Org.). *Mocambos de Palmares*: histórias e fontes (séculos XVI-XIX). Rio de Janeiro: 7 Letras, 2010.

ALTAVILLA, Jayme de. *O Quilombo dos Palmares*: romance histórico. São Paulo: Melhoramentos, 1933.

ALVES FILHO, Ivan. *Memorial dos Palmares*. Rio de Janeiro: Xenon, 1988.

CARDOSO, Ciro Flamarion S. *O Quilombo de Palmares*. 3. ed. Rio de Janeiro: Civilização Brasileira, 1966.

FREITAS, Décio. *República dos Palmares*: pesquisa e comentários em documentos históricos do século XVII. Maceió: Editora da Ufal, 2004.

FUNARI, Pedro Paulo. A arqueologia de Palmares e sua contribuição para o conhecimento da história da cultura afro-americana. In: REIS, João José; GOMES, Flávio dos Santos (Orgs.). *Liberdade por um fio*: história dos quilombos no Brasil. São Paulo: Companhia das Letras, 1996.

_____; CARVALHO, Aline Vieira de. *Palmares, ontem e hoje*. Rio de Janeiro: Jorge Zahar Editor, 2005.

GOMES, Flávio dos Santos. *Palmares*: escravidão e liberdade no Atlântico Sul. São Paulo: Contexto, 2005.

_____. *Zumbi dos Palmares*: histórias, símbolos e memória social. São Paulo: Claro Enigma, 2011.

GOMES, Flávio dos Santos. (Org.). *Mocambos de Palmares*: histórias e fontes (séculos XVI-XIX). Rio de Janeiro: 7 Letras, 2010.

GUIMARÃES, Carlos Magno. Mineração, quilombos e Palmares: Minas Gerais no século XVIII. In: REIS, João José; GOMES, Flávio dos Santos (Orgs.). *Liberdade por um fio*: história dos quilombos no Brasil. São Paulo: Companhia das Letras, 1996.

LANDMANN, Jorge. *Troia negra*: a saga dos palmares. São Paulo: Mandarim, 1998.

LARA, Silvia Hunold. Com fé, lei e rei: um sobado africano em Pernambuco no século XVII. In: GOMES, Flávio dos Santos (Org.). *Mocambos de Palmares*: história e fontes (séculos XVI-XIX). Rio de Janeiro: 7 Letras, 2010.

_____. *Do singular ao plural*: Palmares, capitães do mato e o governo dos escravos. In: REIS, João José; GOMES, Flávio dos Santos (Orgs.). *Liberdade por um fio*: história dos quilombos no Brasil. São Paulo: Companhia das Letras, 1996.

_____. Palmares, Cucaú e as perspectivas da liberdade. In: LIBBY, Douglas Cole; FURTADO, Júnia Ferreira (Orgs.). *Trabalho livre, trabalho escravo*: Brasil e Europa, séculos XVIII e XIX. São Paulo: Annablume, 2006.

MOURA, Clóvis. *Brasil*: as raízes do protesto negro. São Paulo: Global, 1983.

_____ (Org.). *Os quilombos na dinâmica social do Brasil*. Maceió: Editora da Ufal, 2001.

NASCIMENTO, Abdias. *O quilombismo*. 2. ed. Rio de Janeiro: Fundação Palmares/OR Produtor Editorial, 2002.

_____ (Org.). *O negro revoltado*. [texto do I Congresso do Negro Brasileiro]. 2. ed. Rio de Janeiro: Nova Fronteira, 1982. Disponível em: <http://lssuu.com/institutopesquisaestudosafrobrasile/docs/o_negro_revoltado/45?e=9312919/5958082>. Acesso em: 20 maio 2015.

PERET, Benjamin. *O Quilombo de Palmares*: crônica da "República dos Escravos", Brasil (1640-1695). Lisboa: Frenda, 1988.

PRICE, Richard. Palmares como poderia ter sido. In: REIS, João José; GOMES, Flávio dos Santos (Orgs.). *Liberdade por um fio*: história dos quilombos no Brasil. São Paulo: Companhia das Letras, 1996.

RODRIGUES, Nina. *Os africanos no Brasil*. 5. ed. São Paulo: Nacional, 1977.

SANTOS, Joel Rufino dos. *A vida de Zumbi dos Palmares*. Brasília, DF: Ministério da Cultura/Fundação Cultural Palmares, 1995.

SCHWARTZ, Stuart B. Mocambos, quilombos e Palmares: a resistência escrava no Brasil Colonial. *Estudos Econômicos*, São Paulo, v. 17, n. especial, p. 61-88, 1987.

_____. Repensando Palmares: resistência escrava na colônia. In: _____. *Escravos, roceiros e rebeldes*. Bauru: Editora da USC, 2001.

VAINFAS, Ronaldo. Deus contra Palmares: representações senhoriais e ideias jesuíticas. In: REIS, João José; GOMES, Flávio dos Santos (Orgs.). *Liberdade por um fio*: história dos quilombos no Brasil. São Paulo: Companhia das Letras, 1996.

Outros quilombos

ACEVEDO MARIN, Rosa Elizabeth; CASTRO, Edna M. Ramos. *Negros do Trombetas*: guardiões de matas e rios. Belém: Editora da UFPA, 1993.

AMANTINO, Marcia. Comunidades quilombolas na cidade do Rio de Janeiro e seus arredores. In: SOUZA, Jorge Prata de (Org.). *Escravidão*: ofícios e liberdade. Rio de Janeiro: Arquivo Público, 1998.

_____. *O mundo das feras*: os moradores do sertão oeste de Minas Gerais, século XVIII. São Paulo: Annablume, 2008.

ANDRADE, Lucia M. M. de. Os quilombos da bacia do rio Trombetas: breve histórico. *Revista de Antropologia (USP)*, São Paulo, v. 38, n. 1, p. 79-99, 1995.

ANJOS, Rafael Sanzio dos. *Territorialidade quilombola*: fotos e mapas. Brasília, DF: Mapas, 2011.

_____. *Territórios das comunidades remanescentes de antigos quilombos no Brasil*: primeira configuração espacial. 3. ed. Brasília, DF: Mapas, 2005.

ASSUNÇÃO, Matthias Rohrig. Quilombos maranhenses. In: REIS, João José; GOMES, Flávio dos Santos (Orgs.). *Liberdade por um fio*: história dos quilombos no Brasil. São Paulo: Companhia das Letras, 1996.

BARBOSA, Waldemar de Almeida. *Negros e quilombos em Minas Gerais*. Belo Horizonte: Imprensa Oficial, 1972.

_____. Quilombo Grande. *Revista de História e Arte*, Belo Horizonte, n. 6, p. 24-28, 1964.

CARNEIRO, Edison. Singularidades dos quilombos. In: _____. Ladinos e crioulos: estudos sobre o negro no Brasil. Rio de Janeiro: Civilização Brasileira, 1964, p. 36.

CARVALHO, José Jorge de (Org.). *O quilombo do Rio das Rãs*: histórias, tradições e lutas. Salvador: Ceao/Editora da UFBA, 1996.

CARVALHO, Marcus Joaquim Maciel. João Pataca e sua quadrilha mais mansa do quilombo do Catucá. In: SOUZA, Laura de Mello e; FURTATO, Júnia; BICALHO, Maria Fernanda (Orgs.). *O governo dos povos*: relações de poder no mundo ibérico na época moderna. São Paulo: Alameda, 2009.

_____. O Quilombo de Malunguinho: o rei das matas de Pernambuco. In: REIS, João José; GOMES, Flávio dos Santos (Orgs.). *Liberdade por um fio*: história dos quilombos no Brasil. São Paulo: Companhia das Letras, 1996.

CENTRO DE DOCUMENTAÇÃO ELÓY FERREIRA DA SILVA – CEDEFES (Org.). *Comunidades quilombolas de Minas Gerais no século XXI*: história e resistência. Belo Horizonte: Autêntica, 2008.

COSTA FILHO, Miguel. Quilombos. *Estudos Sociais*, Rio de Janeiro, n. 7-11, mar. 1960-jul. 1961.

FIGUEIREDO, Aldrin Moura de. Um natal de negros: esboço etnográfico sobre um ritual religioso num quilombo amazônico. *Revista de Antropologia (USP)*, São Paulo, v. 38, n. 2, p. 207-238, 1995.

FLORENTINO, Manolo; AMANTINO, Márcia. Uma morfologia dos quilombos nas Américas (séculos XVI-XIX). *História, Ciências, Saúde – Manguinhos*, Rio de Janeiro, v. 19, supl., p. 259-297, dez. 2012.

FUNES, Eurípedes A. "Nasci nas matas, nunca tive senhor": história e memória dos mocambos do baixo Amazonas. In: REIS, João José; GOMES, Flávio dos Santos (Orgs.). *Liberdade por um fio*: história dos quilombos no Brasil. São Paulo: Companhia das Letras, 1996.

GAMA, Carmo. Quilombolas: lenda inédita. *Revista do Arquivo Público Mineiro*, Belo Horizonte, n. 3-4, p. 827-866, jul.-dez. 1904.

GOMES, Flávio dos Santos. *A Hidra e os pântanos*: mocambos, quilombos e comunidades de fugitivos no Brasil (séculos XVII-XIX). São Paulo: Editora da Unesp/Polis, 2005.

_____. *História de quilombolas*: mocambos e comunidades de senzalas no Rio de Janeiro, século XIX. ed. rev. e ampl. São Paulo: Companhia das Letras, 2006.

GOMES, Flávio dos Santos. Quilombos no Rio de Janeiro no século XIX. In: REIS, João José; GOMES, Flávio dos Santos (Orgs.). *Liberdade por um fio*: história dos quilombos no Brasil. São Paulo: Companhia das Letras, 1996.

_____. Seguindo o mapa das minas: plantas e quilombos mineiros setecentistas. *Estudos Afro-Asiáticos*, Rio de Janeiro, n. 29, p. 113-142, mar. 1993.

GUIMARÃES, Carlos Magno. Mineração, quilombos e Palmares: Minas Gerais no século XVIII. In: REIS, João José; GOMES, Flávio dos Santos (Orgs.). *Liberdade por um fio*: história dos quilombos no Brasil. São Paulo: Companhia das Letras, 1996.

_____. O quilombo do Ambrózio: lenda, documento e arqueologia. *Estudos Ibero-Americanos (PUC-RS)*, Porto Alegre, v. 16, p. 161-174, 1990.

_____. Os quilombos do século do ouro. *Revista do Departamento de História da Faculdade de Filosofia e Ciências Humanas (UFMG)*, Belo Horizonte, n. 6, p. 15-46, 1988.

_____. *Quilombos*: classes, Estado e cotidiano – Minas Gerais, século XVIII. 1999. Tese (Doutorado em História Social) – Universidade de São Paulo, São Paulo, 1999.

_____. *Quilombos*: uma negação da ordem escravista. São Paulo: Ícone, 1992.

_____. Quilombos e brecha camponesa: Minas Gerais (século XVIII). *Varia História (UFMG)*, Belo Horizonte, n. 8, p. 28-37, jan. 1989.

KARASCH, Mary. Os quilombos do ouro na capitania de Goiás. In: REIS, João José; GOMES, Flávio dos Santos (Orgs.). *Liberdade por um fio*: história dos quilombos no Brasil. São Paulo: Companhia das Letras, 1996.

LARA, Silvia Hunold. Do singular ao plural: Palmares, capitães do mato e o governo dos escravos. In: REIS, João José; GOMES, Flávio dos Santos (Orgs.). *Liberdade por um fio*: história dos quilombos no Brasil. São Paulo: Companhia das Letras, 1996.

LEAL, Hermes. *Quilombo*: uma aventura no Vão das Almas. São Paulo: Mercuryo, 1995.

MACHADO, Maria Helena Pereira Toledo. De rebeldes a fura-greves: as duas faces da experiência da liberdade do Quilombo do Jabaquara na Santos pós-emancipação. In: GOMES, Flávio dos Santos;

CUNHA, Olívia (Orgs.). *Quase cidadão*: histórias e antropologias da pós-emancipação no Brasil. Rio de Janeiro: Fundação Getúlio Vargas, 2007.

MAESTRI FILHO, Mário José. Pampa negro: quilombos no Rio Grande do Sul. In: REIS, João José; GOMES, Flávio dos Santos (Orgs.). *Liberdade por um fio*: história dos quilombos no Brasil. São Paulo: Companhia das Letras, 1996.

_____. *Quilombos e quilombolas em terras gaúchas*. Porto Alegre: EST/UCS, 1979.

MARANHÃO. Arquivo Público do Estado. *A invasão do quilombo do Limoeiro*. São Luís: Sioge, 1992.

MARTINS, Tarcísio José. *Quilombo do Campo Grande*: a história de Minas roubada do povo. São Paulo: A Gazeta Maçônica, 1995.

MOTT, Luiz. Santo Antônio, o divino capitão do mato. In: REIS, João José; GOMES, Flávio dos Santos (Orgs.). *Liberdade por um fio*: história dos quilombos no Brasil. São Paulo: Companhia das Letras, 1996.

MOURA, Clóvis. *Os quilombos e a rebelião negra*. São Paulo: Brasiliense, 1987.

_____. *Quilombos*: resistência ao escravismo. Rio de Janeiro: Ática, 1987.

_____. *Rebeliões da senzala*. Rio de Janeiro: Conquista, 1972.

O'DWYER, Eliane Cantarino. Remanescentes de quilombos na fronteira amazônica: a etnicidade como instrumento de luta pela terra. *Reforma Agrária*: Revista da Abra, v. 23, n. 3, p. 26-38, set.-dez. 1993.

_____ (Org.). *O fazer antropológico e o reconhecimento de direitos constitucionais*: os casos das terras de quilombo no Estado do Rio de Janeiro. Rio de Janeiro: E-papers, 2012.

_____. *Terra de quilombos*. Rio de Janeiro: ABA, 1995.

PEDREIRA, Pedro Tomás. *Os quilombos brasileiros*. Salvador: Prefeitura Municipal de Salvador/SMEC, 1973.

PINTO, Luiz Antonio. Batedura de quilombos. *Revista do Arquivo Público Mineiro*, Belo Horizonte, n. 1-2, p. 383-384, jan.-jun. 1903.

RAMOS, Donald. O quilombo e o sistema escravista em Minas Gerais do século XVIII. In: REIS, João José; GOMES, Flávio dos Santos (Orgs.). *Liberdade por um fio*: história dos quilombos no Brasil. São Paulo: Companhia das Letras, 1996.

REIS, João José. *Escravos e coiteiros no quilombo do Oitizeiro*: Bahia, 1806. In: REIS, João José; GOMES, Flávio dos Santos (Orgs.). *Liberdade por um fio*: história dos quilombos no Brasil. São Paulo: Companhia das Letras, 1996.

SCHWARTZ, Stuart B. Cantos e quilombos numa conspiração de escravos haussás: Bahia (1814). In: REIS, João José; GOMES, Flávio dos Santos (Orgs.). *Liberdade por um fio*: história dos quilombos no Brasil. São Paulo: Companhia das Letras, 1996.

SILVA, Eduardo. *As camélias do Leblon e a Abolição da Escravatura*: uma investigação de história cultural. São Paulo: Companhia das Letras, 2003.

SOUZA, José A. Soares. Quilombo de Bacaxá. *Revista do Instituto Histórico e Geográfico Brasileiro*, Rio de Janeiro, v. 253, p. 3-11, 1961.

SOUZA, Laura de Mello e. Violência e práticas culturais no cotidiano de uma expedição contra quilombolas – Minas Gerais (1769). In: REIS, João José; GOMES, Flávio dos Santos (Orgs.). *Liberdade por um fio*: história dos quilombos no Brasil. São Paulo: Companhia das Letras, 1996.

SUNDFELD, Carlos Ari (Org.). *Comunidades quilombolas*: direito à terra (artigo 68 do ADCT). Brasília, DF: Fundação Cultural Palmares, 2002.

VOLPATO, Luiza Rios Ricci. Quilombos em Mato Grosso: resistência negra em área de fronteira. In: REIS, João José; GOMES, Flávio dos Santos (Orgs.). *Liberdade por um fio*: história dos quilombos no Brasil. São Paulo: Companhia das Letras, 1996.

Sociedade escravista e colonial: funcionamento

ALADRÉN, Gabriel. *Liberdades negras nas paragens do Sul*: alforria e inserção social de libertos em Porto Alegre (1800-1835). Rio de Janeiro: Editora FGV, 2009.

ALMEIDA, Kátia Lorena Novais. *Alforrias em Rio de Contas*: Bahia, século XIX. Salvador: Editora da UFBA, 2012.

ARAUJO, Carlos Eduardo Moreira de; *et al.* (Orgs.). *Cidades negras*: africanos, crioulos e espaços urbanos no Brasil escravista do século XIX. São Paulo: Alameda, 2006.

BARICKMAN, Bert Jude. Um contraponto baiano: açúcar, fumo, mandioca e a escravidão no Recôncavo, (1780-1860). Rio de Janeiro: Civilização Brasileira, 2003.

BEZERRA NETO, José Maia. Escravidão negra no Grão-Pará (séculos XVII-XIX). 2. ed. Belém: Paka-Tatu, 2001.

BRANDÃO, Tanya Maria Pires. *O escravo na formação social do Piauí*: perspectiva histórica do século XVIII. Teresina: Editora da UFPI, 1999.

CANDIDO, Mariana P.; *et al.* (Orgs.). *Laços atlânticos*: África e o Brasil durante a era da escravidão. Luanda: Arquivo de Angola, 2009.

CARVALHO, Marcus Joaquim M. de. *Liberdade*: rotinas e rupturas do escravismo – Recife (1822-1850). 2. ed. Recife: Editora da UFPE, 2002.

CASTELLUCCI JUNIOR, Wellington. *Pescadores e roceiros*: escravos e forros em Itaparica na segunda metade do século XIX. São Paulo: Annablume/Fapesb, 2008.

CHALHOUB, Sidney. *A força da escravidão*: ilegalidade e costume no Brasil oitocentista. São Paulo: Companhia das Letras, 2012.

_____. *Visões da liberdade*: uma história das últimas décadas da escravidão na Corte. São Paulo: Companhia das Letras, 1990.

COSTA, Iraci del Nero da; LUNA, Francisco Vidal; KLEIN, Herbert. *Escravismo em São Paulo e Minas Gerais*. São Paulo: Edusp/Imprensa Oficial do Estado de São Paulo, 2009.

CUNHA, Manuela Carneiro da. *Negros estrangeiros*: os escravos libertos e sua volta à África. 2. ed. rev. e ampl. São Paulo: Companhias das Letras, 2012.

ENGEMANN, Carlos. *De laços e de nós*. Rio de Janeiro: Apicuri, 2008.

FIGUEIREDO, Luciano Raposo A.; BOSCHI, Caio Cesar (Orgs.). *A era da escravidão*. Rio de Janeiro: Sabin, 2009.

FLORENTINO, Manolo; GÓES, José Roberto. A paz das senzalas: famílias escravas e tráfico atlântico, Rio de Janeiro, (c 1790-c.1850). Rio de Janeiro: Civilização Brasileira, 1997.

_____ (Org.). *Tráfico, cativeiro e liberdade*: Rio de Janeiro, séculos XVII-XIX. Rio de Janeiro: Record, 2005.

_____; MACHADO, Cacilda S. (Orgs.). *Ensaios sobre a escravidão*. Belo Horizonte: Editora da UFMG, 2003. v. 1.

FRAGA, Walter. *Encruzilhadas da liberdade*: histórias de escravos e libertos na Bahia (1870-1910). São Paulo: Editora da Unicamp, 2006.

FRAGOSO, João; FLORENTINO, Manolo. *O arcaísmo como projeto*: mercado atlântico, sociedade agrária e elite mercantil em uma economia colonial tardia, Rio de Janeiro, (c.1790-c.1840). 4. ed. Rio de Janeiro: Civilização Brasileira, 2001.

_____; _____; et. al. (Orgs.). *Nas rotas do Império*: eixos mercantis, tráfico e relações sociais no mundo português. 2. ed. Vitória: Editora da Ufes, 2014.

FRANCO NETTO, Fernando. *Senhores e escravos no Paraná provincial*: os padrões de riqueza em Guarapuava. Guarapuava: Unicentro, 2011.

GÓES, José Roberto. *O cativeiro imperfeito*: um estudo sobre a escravidão no Rio de Janeiro da primeira metade do século XIX. Vitória: Governo do Estado do Espírito Santo/Secretaria de Estado da Justiça e da Cidadania/Secretaria de Estado da Educação, 1993.

GONÇALVES, Andrea Lisly. *As margens da liberdade*: estudo sobre a prática de alforrias em Minas colonial e provincial. Belo Horizonte: Fino Traço/Fapemig, 2011.

GRAHAM, Sandra Lauderdale. *Caetana diz não*: histórias de mulheres da sociedade escravista brasileira. São Paulo: Companhia das Letras, 2005.

GRINBERG, Keila. *Liberata*: a lei da ambiguidade – as ações de liberdade da Corte de Apelação do Rio de Janeiro, século XIX. Rio de Janeiro: Centro Edelstein de Pesquisas Sociais, 2008.

_____. *O fiador dos brasileiros*: cidadania, escravidão e direito civil no tempo de Antonio Pereira Rebouças. Rio de Janeiro: Civilização Brasileira, 2002.

GUEDES, Roberto. *Egressos do cativeiro*: trabalho, família, aliança e mobilidade social (Porto Feliz, São Paulo, c.1798-c.1850). Rio de Janeiro: Mauad/Faperj, 2008.

GUIMARÃES, Elione S. *Múltiplos viveres de afrodescendentes na escravidão e no pós-emancipação*: família, trabalho, terra e conflito (Juiz de Fora-MG, 1828-1928). São Paulo: Annablume; Juiz de Fora: Funalfa Edições, 2006.

_____. *Terra de preto*: usos e ocupação da terra por escravos e libertos (Vale do Paraíba mineiro, 1850-1920). Niterói: Editora da UFF, 2009.

GUTIÉRREZ, Horácio; MONTEIRO, John M. *A escravidão na América Latina e no Caribe*: bibliografia básica. São Paulo: Cela/Unesp, 1990.

LARA, Silvia Hunold. *Fragmentos setecentistas*: escravidão, cultura e poder na América Portuguesa. São Paulo: Companhia das Letras, 2007.

LUNA, Francisco Vidal; KLEIN, Herbert. *Escravismo no Brasil*. São Paulo: Edusp/Imprensa Oficial do Estado de São Paulo, 2010.

LUZ, Nícia Vilela. *A Amazônia para os negros americanos*: origens de uma controvérsia internacional. Rio de Janeiro: Saga, 1968.

MACHADO, Cacilda. *A trama das vontades*: negros, pardos e brancos na construção da hierarquia social do Brasil escravista. Rio de Janeiro: Apicuri, 2008.

MARQUESE, Rafael Bivar. *Feitores do corpo, missionários da mente*: senhores, letrados e o controle dos escravos nas América (1660-1860). São Paulo: Companhia das Letras, 2004.

MATTOS, Hebe. *Ao sul da História*: lavradores pobres na crise do trabalho escravos. 2. ed. rev. e ampl. Rio de Janeiro: Fundação Getúlio Vargas, 2009.

_____. *Das cores do silêncio*: os significados da liberdade no sudeste escravista – Brasil, século XIX. 2. ed. Rio de Janeiro: Nova Fronteira, 1998.

_____; RIOS, Ana Lugão (Orgs.). *Memórias do cativeiro*: identidade e cidadania na pós-abolição. Rio de Janeiro: Civilização Brasileira, 2005.

MATTOS, Marcelo Badaró. *Escravizados e livres*: experiências comuns na formação da classe trabalhadora carioca. Rio de Janeiro: Bom Texto, 2008.

MOREIRA, Paulo Roberto Staudt. *Faces da liberdade, m*áscaras do *cativeiro*: experiências de liberdade e escravidão, percebidas através das cartas de alforria, Porto Alegre (1858-1888). Porto Alegre: Editora da PUC-RS, 1996.

MOTTA, José Flávio. *Corpos escravos, vontades livres*: posse de cativos e família escrava em Bananal (1801-1829). São Paulo: Fapesp/Annablume, 1999.

_____. *Escravos daqui, dali e de mais além*: o tráfico interno de cativos na expansão cafeeira paulista (Areias, Guaratinguetá, Constituição/Piracicaba e Casa Branca, 1861-1887). São Paulo: Alameda, 2012.

MOURA, Zilda Alves de. *Cativos nas terras dos pantanais*: escravidão e resistência no sul do Mato Grosso (séculos XVIII e XIX). Passo Fundo: Editora da UPF, 2008.

NASCIMENTO, Álvaro Pereira do. *A ressaca da Marujada*: recrutamento e disciplina na Armada Imperial. Rio de Janeiro: Arquivo Nacional, 2001.

OCTÁVIO, José. *A escravidão na Paraíba*: historiografia e história (preconceitos e racismo na produção cultural). João Pessoa: A União, 1988.

PAIVA, Eduardo França. *Escravidão e universo cultural na Colônia*: Minas Gerais, (1716-1789). 2. ed. Belo Horizonte: Editora da UFMG, 2006.

_____. *Escravos e libertos nas Minas Gerais do século XVIII*: estratégias de resistência através dos testamentos. 3. ed. São Paulo: Annablume, 2009.

PETIZ, Silmei de S. *Buscando a liberdade*: as fugas de escravos da província de São Pedro para o além-fronteira (1815-1851). Passo Fundo: Editora da UPF, 2006.

PIRES, Antônio Liberac Simões; OLIVEIRA, Rosy de (Orgs.). *Olhares sobre o mundo negro*: escravidão, cultura e trabalho. Curitiba: Progressiva, 2010.

PORTO, Angela (Org.). *Doenças e escravidão*: sistema de saúde e práticas terapêuticas. Rio de Janeiro: Casa de Oswaldo Cruz/Fiocruz, 2007.

QUEIROZ, Suely Robles Reis de. *Escravidão negra no Brasil*. São Paulo: Ática, 1987.

REIS, João José; AZEVEDO, Elciene (Org.). *Escravidão e suas sombras*. Salvador: Editora da UFBA, 2012.

RIBEIRO, Jalila Ayoub Jorge. *A desagregação do sistema escravista no Maranhão* (1850-1888). São Luiz: Sioge, 1990.

SALLES, Vicente. *O negro no Pará*: sob o regime da escravidão. Belém: FGV, 1971.

SAMPAIO, Antonio Carlos Jucá de. *Na encruzilhada do Império*: hierarquias sociais e conjunturas econômicas no Rio de Janeiro (c.1650-c.1750). Rio de Janeiro: Arquivo Nacional, 2003.

SCHWARTZ, Stuart. *Escravos, roceiros e rebeldes*. Bauru: Editora da USC, 2001.

_____. *Segredos internos*: engenhos e escravos na sociedade colonial. São Paulo: Companhia das Letras, 1988.

SLENES, Robert Wayne Andrew. *Na senzala, uma flor*: esperanças e recordações na formação da família escrava (Brasil-Sudeste, século XIX). 2. ed. Campinas: Editora da Unicamp, 2011.

SOARES, Luiz Carlos. *O "povo de Cam" na capital do Brasil*: a escravidão urbana no Rio de Janeiro do século XIX. Rio de Janeiro: Faperj/7 Letras, 2007.

SOARES, Mariza de Carvalho (Org.). *Rotas atlânticas da diáspora africana*: da baía do Benin ao Rio de Janeiro. Niterói: Editora da UFF, 2007.

SOUSA, Jorge Prata de. *Escravidão ou morte*: os escravos brasileiros na Guerra do Paraguai. Rio de Janeiro: Mauad, 1996.

_____; ANDRADE, Rômulo Garcia. *Zona da Mata mineira*: escravos, família e liberdade. Rio de Janeiro: Apicuri, 2012.

VENÂNCIO, Renato Pinto. *Cativos do Reino*: a circulação de escravos entre Portugal e Brasil (séculos 18 e 19). São Paulo: Alameda, 2012.

VOLPATO, Luiza Rios Ricci. *Cativos do sertão*: vida cotidiana e escravidão em Cuiabá em 1850-1888. São Paulo: Marco Zero; Cuiabá: Editora da UFMT, 1993.

WISSENBACH, Maria Cristina Cortez. *Sonhos africanos, vivências ladinas*: escravos e forros em São Paulo (1850-1880). 2. ed. São Paulo: Hucitec, 2009.

XAVIER, Regina Célia Lima (Org.). *Escravidão e liberdade*: temas, problemas e perspectivas de análise. São Paulo: Alameda, 2012.

Viajantes estrangeiros sobre a escravidão

ARAGO, Jacques Etienne Vitor. *D'um a outro polo*. Lisboa: Francisco Xavier de Sousa, 1855.

BARREIRO, José Carlos. *Imaginário e viajantes no Brasil do século XIX*: cultura e cotidiano, tradição e resistência. São Paulo: Editora da Unesp, 2002.

BELLUZZO, Ana Maria de Moraes. *Brasil dos viajantes*. São Paulo: Metalivros, 1995.

BERGER, Paulo. *Bibliografia do Rio de Janeiro*: viajantes e autores estrangeiros (1531-1900). 2. ed. Rio de Janeiro: Seec, 1980.

BINZER, Ina von. *Os meus romanos*: alegrias e tristezas de uma educadora no Brasil. Rio de Janeiro: Paz e Terra, 1980.

BRACKENRIDGE, Henry Marie. *Voyage to South America*: performed by order of the American government, in the years 1817 and 1818, in the Frigate Congress. Baltimore: John D. Toy, 1819.

BURMESTER, Hermann. *Viagem ao Brasil através das províncias do Rio de Janeiro e Minas Gerais visando especialmente a história natural dos distritos auridiamantíferos acompanhado de mapa*. São Paulo: Martins, 1952.

CALDCLEUGH, Alexander. *Travels in South America, during the years 1819-20-21*: containing an account of the present state of Brazil. London: John Murray, 1825.

EBEL, Ernst. *O Rio de Janeiro e seus arredores em 1824*. São Paulo: Companhia Editora Nacional, 1972.

ESCHWEGE, Wilhelm Ludwig von. *Pluto Brasilienses*. Tradução de Domicio de Figueiredo Murta. São Paulo: Edusp; Belo Horizonte: Itatiaia, 1979.

FRANÇA, Jean Marcel Carvalho. *Outras visões do Rio de Janeiro Colonial*: antologia de textos (1582-1808). Rio de Janeiro: José Olympio, 2000.

_____. *Visões do Rio de Janeiro Colonial*: antologia de textos (1531 -1800). Rio de Janeiro: José Olympio, 1999.

GARDNER, George. *Viagem ao interior do Brasil, principalmente nas províncias do Norte e nos distritos do ouro e do diamante durante os anos de 1836-1841*. Belo Horizonte: Itatiaia; São Paulo: Edusp, 1975.

GENDRIN, Victor-Athanase. *Récit historique, exact et sincère, par mer et par terre, de quatre voyages faits au Brésil, au Chili, dans les Cordillères des Andes, à Mendonza, dans les Désert, et à Buénos-Aires*. Versailles: M. Gendrin, 1856.

KIDDER, Daniel Parish; FLETCHER, James Cooley. *O Brasil e os brasileiros*: esboço histórico e descritivo. São Paulo: Companhia Editora Nacional, 1941. 2 v.

KINDERSLEY, Jemina; MACQUARIE, Elizabeth; FREYCINET; Rose. *Mulheres viajantes no Brasil* (1764-1820). Organização de Jean Marcel Carvalho França. Rio de Janeiro: José Olympio, 2007.

LANGSDORFF, E. de. *Diário da Baronesa E. Langsdorff*: relatando sua viagem ao Brasil por ocasião do casamento de S. A. R., o Príncipe de Joinville (1842-1843). Florianópolis: Mulheres/Edunisc, 1999.

LEITE, Ilka B. *Antropologia da viagem*: escravos e libertos em Minas Gerais no século XIX. Belo Horizonte: Editora da UFMG, 1996.

LEITE, Miriam Moreira (Org.). *A condição feminina no Rio de Janeiro, século XIX*: antologia de textos de viajantes estrangeiros. São Paulo: Hucitec; Brasília, DF: Pró-Memória, 1982.

LEITHOLD, Theodor von; RANGO, Fried Ludwig. *O Rio de Janeiro visto por dois prussianos em 1819*. São Paulo: Nacional, 1966.

LISBOA, Karen M. *A nova Atlântida de Spix e Martius*: natureza e civilização na viagem pelo Brasil (1817-1820). São Paulo: Hucitec, 1997.

LUCCOCK, John. *Notas sobre o Rio de Janeiro e partes meridionais do Brasil*: tomadas durante uma estada de dez anos no país (de 1808 a 1818). Tradução de Milton da Silva Rodrigues. São Paulo: Martins, 1942.

MACHADO, Maria Helena Pereira Toledo; HUBER, Sacha (Orgs.). *(T) Races of Louis Agassiz*: photography, body and science, yesterday and today. *Rastros e raças de Louis Agassiz*: fotografia, raça e ciência, ontem e hoje. São Paulo: Capaecte/Bienal de Artes de São Paulo, 2010.

MARTINS, Luciana Lima. *O Rio de Janeiro dos viajantes*: o olhar britânico (1800-1850). Rio de Janeiro: Jorge Zahar, 2001.

M'LEOD, Jonh. *Narrative of a voyage, in His Majesty's late ship Alceste, to the Yellow Sea, along the Coast of Corea, and through its numerous hitherto undiscovered islands, to the Island of Lewchew; wich an account of her shipwreck in the straits of Gaspar*. Londres: John Murray, 1817.

OUSELEY, William Gore. *Descriptions of views in South America, from original drawings, made in Brazil, the River Plate, the Parana*. London: Thomas McLean, 1852.

POHL, Johann Emanuel. *Viagem ao interior do Brasil empreendida nos anos de 1817 a 1821 por ordem de Sua Majestade o Imperador da Áustria Francisco I*. Rio de Janeiro: Ministério da Educação e Saúde/INL, 1951.

PRIOR, James. *Voyage along the Eastern Coast of Africa, to Mosambique, Johanna, and Quiloa; to St Helena; to Rio de Janeiro, Bahia*. London: Sir Richard Phillips and Co., 1819.

RIBEYROLLES, Charles. *Brasil pitoresco*. São Paulo: Martins, 1941. 2 v.

SCHLICHTHORST, Carl. *O Rio de Janeiro como é* (1824-1826): uma vez e nunca mais. Brasília, DF: Senado Federal, 2000.

SEIDLER, Carl Friedrich Gustav. *Dez anos no Brasil*. São Paulo: Martins, 1976.

SPIX, Johann Baptist von; MARTIUS, Carl Friedrich Philipp von. *Viagem pelo Brasil* (1817-1820). Tradução de Lucia Furquins Lahaneyer. Belo Horizonte: Itatiaia; São Paulo: Edusp, 1981.

SUZANNET, Conde de (L. De Chavagnes). *O Brasil em 1845*: semelhanças e diferenças após um século. Rio de Janeiro: Casa do Estudante do Brasil, 1957.

WALSH, Robert. *Notícias do Brasil* (1828-1829). São Paulo: Edusp; Belo Horizonte: Itatiaia, 1985. v. 1-2.

WIED, Maximilian Prinz von. *Viagem ao Brasil*. Tradução e anotações de Edgar Süssekind de Mendonça e Flavio Poppe de Figueiredo e Olivério Pinto. São Paulo: Companhia Editora Nacional, 1940.

Literatura de ficção sobre o negro e a escravidão

ADONIAS FILHO. O negro na ficção brasileira. *Cultura*, Brasília, DF, v. 6, n. 23, p. 39-43, 1976.

ALENCAR, José de. *Mãe*.

_____. *O demônio familiar*.

ALVES, Henrique Losinskas. O negro na obra de Monteiro Lobato. *Revista Brasiliense*, São Paulo, n. 45, p. 128-131, jan.-fev. 1963.

AMÂNCIO, Iris Maria da Costa; GOMES, Nilma Lino; JORGE, Miriam Lúcia dos Santos. *Literaturas africanas e afro-brasileira na prática pedagógica*. Belo Horizonte: Autêntica, 2008.

AMARAL, Sharyse. Emancipacionismo e as representações do escravo na obra literária de Joaquim Manoel de Macedo. *Afro-Ásia*, Salvador, n. 35, p. 199-336, 2007.

BASTIDE, Roger. Estereótipos de negros através da literatura brasileira. In: _____. *Estudos afro-brasileiros*. São Paulo: Perspectiva, 1973.

_____. *O negro na imprensa e na literatura*. São Paulo: ECA/USP, 1972.

BERND, Zilá. Bibliografia específica sobre literatura negra no Brasil. *Revista de Antropologia (USP)*, São Paulo, v. 29, p. 175-183, 1986.

BROOKSHAW, David. *Raça e cor na literatura brasileira*. Porto Alegre: Mercado Aberto, 1983.

CAMARGO, Oswaldo de. *O negro escrito*: apontamentos sobre a presença do negro na literatura brasileira. São Paulo: Imprensa Oficial, 1987.

CARULA, Karoline. *A tribuna da ciência*: as Conferências Populares da Glória e as discussões do darwinismo na imprensa carioca (1873 -1880). São Paulo: Annablume/Fapesp, 2009.

CHALHOUB, Sidney. *Machado de Assis, historiador*. São Paulo: Companhia das Letras, 2003.

_____; NEVES, Margarida de Souza; PEREIRA, Leonardo Affonso de Miranda (Orgs.). *História em cousas miúdas*: capítulos de História Social da crônica no Brasil. Campinas: Editora da Unicamp, 2005.

CUTI [Luiz Silva]. *A consciência do impacto nas obras de Cruz e Sousa e de Lima Barreto*. Belo Horizonte: Autêntica, 2009.

FRANÇA, Jean Marcel Carvalho. *Imagens do negro na literatura brasileira*. São Paulo: Brasiliense, 1998.

_____. O negro no romance urbano oitocentista. *Estudos Afro-Asiáticos*, Rio de Janeiro, n. 29, p. 97-112, dez. 1996.

GOUVÊA, Maria Cristina Soares de. Imagens do negro na literatura infantil brasileira: análise historiográfica. *Educação e Pesquisa (USP)*, São Paulo, v. 31, n. 1, p. 122-143, 2005.

GUIMARÃES, Bernardo. *A escrava Isaura*.

LEÃO, Ângela Vaz (Org.). *Contatos e ressonâncias*: literaturas africanas de língua portuguesa. Belo Horizonte: PUC-Minas, 2003.

LIMA, Heloisa Pires. *Histórias da preta*. São Paulo: Companhia das Letrinhas, 2006.

LIMA BARRETO, Afonso Henriques. *Recordações do escrivão Isaías Caminha*.

LOBO, Luiza Leite Bruno. Negritude e literatura. In: _____. *Crítica sem juízo*. Rio de Janeiro: Garamond, 2007.

LUCA, Tania Regina de. *A revista do Brasil*: um diagnóstico para a (N)ação. São Paulo: Editora da Unesp, 1999.

LUCAS, Fábio. "Opiniões críticas sobre Adão Ventura": a cor da pele. In: MACEDO, Sérgio D. T. *Crônica do negro no Brasil*. 5. ed. Rio de Janeiro: Record, 1974.

MACEDO, Joaquim Manoel de. *As vítimas-algozes*: quadros da escravidão.

MÉRIAN, Jean-Yves. O negro na literatura brasileira *versus* uma literatura afro-brasileira: mito e literatura. *Navegações*, Porto Alegre, v. 1, n. 1, p. 50-60, mar. 2008.

MOISÉS, Massaud. Alguns aspectos da obra de Aluísio Azevedo. *Revista do Livro*, Rio de Janeiro, n. 16, p. 109-137, dez. 1959.

MONTELLO, Josué. *Aluísio Azevedo e polêmica d'O mulato*. Rio de Janeiro: José Olympio; Brasília, DF: INL, 1975.

NAXARA, Márcia Regina Capelari. *Estrangeiro em sua própria terra*: representações do brasileiro (1870-1920). São Paulo: Annablume, 1998.

OLIVEIRA, Maria Anória de Jesus. Negros personagens tecendo identidades na literatura infantojuvenil brasileira e moçambicana.

In: GARCIA, Paulo; SEIDEL, Roberto; SANTOS, Cosme B. (Orgs.). *Educação básica e cultura*: diagnósticos, proposições, novos agenciamentos. São Paulo: Cultura Acadêmica, 2011.

PADILHA, Laura Cavalcanti. *Novos pactos, outras ficções*: ensaios sobre literaturas afro-luso-brasileiras. Porto Alegre: Editora da PUC-RS, 2002.

PROENÇA FILHO, Domício. A trajetória do negro na literatura brasileira. In: SANTOS, Joel Rufino dos (Org.). Negro brasileiro negro. *Revista do Patrimônio Histórico e Artístico Nacional*, Rio de Janeiro, n. 25, p. 159-177, 1997.

QUEIROZ, Teófilo de. *Preconceito de cor e a mulata na literatura brasileira*. São Paulo: Ática, 1975.

QUILOMBHOJE (Org.). *Reflexões sobre a literatura afro-brasileira*. São Paulo: Conselho de Participação e Desenvolvimento da Comunidade Negra, 1985.

RODRIGUES, Ironildes. Introdução à literatura afro-brasileira. In: NASCIMENTO, Elisa Larkin (Org.). *Sankofa*: resgate da cultura afro-brasileira. Rio de Janeiro: Seafro, 1994. v. 1, p. 139-149.

ROSEMBERG, Fúlvia Maria de Barros Mott. Discriminações étnico-raciais na literatura infantojuvenil brasileira. *Revista Brasileira de Biblioteconomia Documentação*, São Paulo, v. 12, n. 3/4, p. 155-166, 1979.

SANTOS, Olga de Jesus; VIANNA, Marilena. *O negro na literatura de cordel*. Rio de Janeiro: Fundação Casa de Rui Barbosa, 1989. v. 7. (Literatura Popular em Versos).

SEVCENKO, Nicolau. As faces ocultas da Primeira República: modos de representação do negro na literatura. *Tempo Brasileiro*, Rio de Janeiro, n. 95, p. 127-138, out.-dez. 1988.

SILVA, Silvia Cristina Martins de Souza e. *Ideias encenadas*: uma interpretação de *O demônio familiar*, de José de Alencar. 1996. Dissertação (Mestrado em História) – Universidade Estadual de Campinas, Campinas, 1996.

SILVA, Terezinha Juraci Machado da. Os personagens negros na literatura infantojuvenil brasileira. *Contexto & Educação*, Ijuí, v. 3, n. 12, p. 40-43, out.-dez. 1988.

SÜSSEKIND, Flora. As vítimas-algozes e o imaginário do medo: introdução a Joaquim Manoel de Macedo. In: MACEDO, Joaquim

Manoel de. *As vítimas-algozes*: quadros da escravidão. São Paulo: Scipione, Fundação Casa de Rui Barbosa, 1991.

_____. *O negro como arlequim*: teatro e discriminação. Rio de Janeiro: Achiamé, 1982.

VENTURA, Roberto. *Estilo tropical*: história cultural e polêmicas literárias no Brasil (1870-1914). São Paulo: Companhia das Letras, 1991.

WIZNIEWSKY, Larry Antonio. O negro na literatura brasileira: uma leitura diacrônica. *Contexto e Educação*, Ijuí, v. 3, n. 12, p. 33-9, out.-dez. 1988.

Abolição e passagem do trabalho escravo para o livre

ABREU, Martha; PEREIRA, Matheus Seva (Orgs.). *Caminhos da liberdade*: histórias da Abolição e do pós-Abolição no Brasil. Niterói: Editora da UFF, 2011.

ALBUQUERQUE, Wlamyra Ribeiro de. *O jogo da dissimulação*: abolição e cidadania negra no Brasil. São Paulo: Companhia das Letras, 2009.

ALONSO, Angela. Ideias em movimento: a geração de 1870 na crise Brasil Império. São Paulo: Paz e Terra, 2002.

AZEVEDO, Celia Maria Marinho de. *Abolicionismo*: Estados Unidos e Brasil, uma história comparada (século XIX). São Paulo: Annablume, 2003.

_____. *Onda negra, medo branco*: o negro no imaginário das elites (século XIX). 2. ed. São Paulo: Annablume, 2004.

AZEVEDO, Elciene. *O direito dos escravos*: lutas jurídicas e abolicionismo em São Paulo. Campinas: Editora da Unicamp, 2010.

_____. *Orfeu de carapinha*: a trajetória de Luiz Gama na imperial cidade de São Paulo. Campinas: Editora da Unicamp/Centro de Pesquisa em História Social da Cultura, 1999.

BRITO, Jailton Lima. *A Abolição na Bahia* (1870-1888). Salvador: Centro de Estudos Baianos da UFBA, 2003.

CARDOSO, Ciro Flamarion (Org.). *Escravidão e Abolição no Brasil*: novas perspectivas. Rio de Janeiro: Jorge Zahar, 1988.

CHALHOUB, Sidney. *Visões da liberdade*: uma história das últimas décadas da escravidão na Corte. São Paulo: Companhia das Letras, 1990.

CONRAD, Robert. *Os últimos anos da escravatura no Brasil* (1850-1888). Rio de Janeiro: Civilização Brasileira, 1978.

FERNANDES, Maria Fernanda Lombardi. *A esperança e o desencanto*: Silva Jardim e a República. São Paulo: Humanitas/Fapesp, 2008.

FLORENTINO, Manolo; LEWKOWITZ, Ida; GUTIERREZ, Horácio (Orgs.). *Trabalho compulsório e trabalho livre na história do Brasil*. São Paulo: Editora da Unesp, 2008.

FONSECA, Marcus Vinícius. *A educação do negro*: uma nova face do processo de Abolição da Escravidão no Brasil. Bragança Paulista: Editora da USF, 2002.

GEBARA, Ademir. *O mercado de trabalho livre no Brasil* (1871-1888). São Paulo: Brasiliense, 1986.

JESUS, Ronaldo P. de. *Visões da monarquia*: escravos, operários e abolicionismo na corte. Belo Horizonte: Argvmentvm, 2009.

LAMOUNIER, Maria Lúcia. *Da escravidão ao trabalho livre* (a Lei de Locação de Serviços de 1879). Campinas: Papirus, 1988.

LIBBY, Douglas Cole; FURTADO, Júnia Ferreira (Orgs.). *Trabalho livre, trabalho escravo*: Brasil e Europa (séculos XVIII e XIX). São Paulo: Annablume, 2006.

MACHADO, Humberto Fernandes. Imprensa abolicionista e a censura no Império do Brasil. In: LESSA, Mônica Leite; FONSECA, Silvia Carla Pereira de Brito (Orgs.). *Entre a Monarquia e a República*: imprensa, pensamento político e historiografia (1822-1889). Rio de Janeiro: Editora da Uerj, 2008.

MACHADO, Maria Helena Pereira Toledo. História e historiografia da escravidão e da Abolição em São Paulo. In: FERREIRA, Antonio Celso (Org.). *São Paulo*: percursos históricos e historiográficos. São Paulo: Editora da Unesp, 1999.

_____. *O plano e o pânico*: os movimentos sociais na década da Abolição. 2. ed. São Paulo: Edusp, 2010.

_____. "Teremos grandes desastres, se não houver providências enérgicas e imediatas": a rebeldia e a Abolição da Escravidão. In: GRINBERG, Keila; SALLES, Ricardo (Orgs.). *O Brasil Imperial*: (1870-1889). Rio de Janeiro: Civilização Brasileira, 2009. v. 3.

MATTOS, Hebe; RIOS, Ana Lugão (Orgs.). *Memórias do cativeiro*: identidade e cidadania na pós-abolição. Rio de Janeiro: Civilização Brasileira, 2005.

MENDONÇA, Joseli Maria Nunes. *Cenas da Abolição*: escravos e senhores no Parlamento e na Justiça. São Paulo: Fundação Perseu Abramo, 2001.

_____. *Entre a mão e os anéis*: a Lei de 1885 e os caminhos da liberdade. 2. ed. Campinas: Editora da Unicamp, 2008.

MENEZES, Lená Medeiros de. A imigração nos anúncios de jornais do Rio de Janeiro: facetas parisienses do sonho civilizatório. In: LESSA, Mônica Leite e FONSECA, Silvia Carla Pereira de Brito (Orgs.). *Entre a Monarquia e a República*: imprensa, pensamento político e historiografia (1822-1889). Rio de Janeiro: Editora da Uerj, 2008. p. 221-242.

MONTENEGRO, Antonio Torres. *Reinventando a liberdade*: a Abolição da Escravatura no Brasil. São Paulo: Atual, 1989.

MORAIS, Evaristo. *A campanha abolicionista* (1879-1888). 2. ed. Brasília, DF: Editora da UnB, 1986.

PATROCÍNIO, José do. *Campanha abolicionista*: coletânea de artigos. Rio de Janeiro: Fundação Biblioteca Nacional, 1996.

PENA, Eduardo Spiller. *Pajens da casa imperial*: jurisconsultos, escravidão e a Lei de 1871. Campinas: Editora da Unicamp/Cecult, 2001.

ROCHA, Antonio Penalves. *Abolicionistas brasileiros e ingleses*: a coligação entre Joaquim Nabuco e a British and Foreign Anti-Slavery Society. São Paulo: Editora da Unesp, 2009.

SAFIER, Neil. *Abolição a distância*: a luta de um maçom pela emancipação brasileira por meio da imprensa. In: NEVES, Lúcia Maria Bastos P. das. *Livros e impressos*: retratos do setecentos e do oitocentos. Rio de Janeiro: Editora da Uerj, 2009.

SANTOS, Flávio Gomes dos; CUNHA, Olívia. (Orgs.). *Quase cidadão*: histórias e antropologias da pós-emancipação no Brasil. Rio de Janeiro: Fundação Getúlio Vargas, 2007.

SILVA, Eduardo. *As camélias do Leblon e a Abolição da Escravatura*: uma investigação de história cultural. São Paulo: Companhia das Letras, 2003

SKIDMORE, Thomas. *Preto no branco*: raça e nacionalidade no pensamento brasileiro (1870-1930). São Paulo: Companhia das Letras, 2012.

SOUZA, Robério S. *Tudo pelo trabalho livre!*: trabalhadores e conflitos no pós-abolição (Bahia, 1892-1909). Salvador: Editora da UFBA; São Paulo: Fapesp, 2011.

Ciência do negro

AZEVEDO, Celia Marinho de. A recusa da "raça": antirracismo e cidadania no Brasil dos anos 1830. *Horizontes Antropológicos*, Porto Alegre, v. 11, n. 24, p. 297-320, jul.-dez. 2005.

_____. *Onda negra, medo branco*: o negro no imaginário das elites, século XIX. 2. ed. São Paulo: Annablume, 2004.

_____. Para além das "relações raciais": por uma história do racismo. In: _____. *Antirracismo e seus paradoxos*: reflexões sobre cota racial, raça e racismo. São Paulo: Annablume, 2004.

CARNEIRO, Maria Elizabeth Ribeiro. *Procura-se uma "preta, com muito bom leite, prendada e carinhosa"*: uma cartografia das amas de leite na sociedade carioca (1850-1888). 2006. Tese (Doutorado em História) – Universidade de Brasília, Brasília, DF: 2006.

HOFBAUER, Andreas. *Uma história de branqueamento ou o negro em questão*. São Paulo: Editora da Unesp, 2006.

KOUTSOUKOS, Sandra Sofia Machado. *Negros no estudo do fotógrafo*: Brasil, segunda metade do século XIX. Campinas: Editora da Unicamp, 2010.

MACHADO, Maria Helena Pereira Toledo. Corpo, gênero e identidade no limiar da abolição: a história de Benedicta Maria Albina da Ilha ou Ovídia, escrava (Sudeste, 1880). *Afro-Ásia*, Salvador, n. 42, p. 157-193, 2010.

_____. *Entre dois Beneditos*: histórias de amas de leite no ocaso da escravidão. In: GOMES, Flávio dos Santos; CÔRTES, Giovana Xavier da Conceição; FARIAS, Juliana Barreto (Orgs.). *Mulheres negras no Brasil escravista e do pós-emancipação*. São Paulo: Summus, 2012.

MAIO, Marcos Chor. Raça, doença e saúde pública no Brasil: um debate sobre o pensamento higienista do século XIX. In: MAIO, Marcos Chor; SANTOS, Ricardo Ventura (Orgs). *Raça como questão*: história, ciência e identidades no Brasil. Rio de Janeiro: Fiocruz, 2010.

MASIERO, André Luís. A psicologia racial no Brasil (1918-1929). *Estudos de Psicologia*, Natal, v. 10, n. 2, p. 199-206, 2005.

MUNANGA, Kabengele. Uma abordagem conceitual das noções de raça, racismo, identidade e etnia. *Inclusão social*: um debate necessário? Disponível em: <http://www.ufmg.br/inclusaosocial/?p=59>. Acesso: 22 maio 2015.

POLIAKOV, Léon. *O mito ariano*. Tradução de Luiz João Gaio. São Paulo: Perspectiva/Edusp, 1974.

RAMOS, Jair de Souza; MAIO, Marcos Chor. Entre a riqueza natural, a pobreza humana e os imperativos da civilização inventa-se a investigação do povo brasileiro. In: MAIO, Marcos Chor; SANTOS, Ricardo Ventura (Orgs.). *Raça como questão*: história, ciência e identidades no Brasil. Rio de Janeiro: Fiocruz, 2010.

SANTOS, Gislene Aparecida dos. *A invenção do ser negro*: um percurso das ideias que naturalizaram a inferioridade dos negros. Rio de Janeiro: Pallas; São Paulo: Educ, 2002.

SANTOS, Ricardo Ventura. Mestiçagem, degeneração e a viabilidade de uma nação: debates em antropologia física no Brasil (1870-1930). In: MAIO, Marcos Chor; SANTOS, Ricardo Ventura (Orgs.). *Raça como questão*: história, ciência e identidades no Brasil. Rio de Janeiro: Fiocruz, 2010.

SCHWARCZ, Lilia Moritz. Previsões são sempre traiçoeiras: João Baptista de Lacerda e seu Brasil branco. *História, Ciências, Saúde – Manguinhos*, Rio de Janeiro, v. 18, n. 1, p. 225-242, jan.-mar. 2011.

SILVEIRA, Renato da. Os selvagens e a massa: papel do racismo científico na montagem da hegemonia ocidental. *Afro-Ásia*, Salvador, n. 23, p. 87-144, 1999.

TODOROV, Tzvetan. *Nós e os outros*: a reflexão francesa sobre a diversidade humana. Rio de Janeiro: Jorge Zahar, 1993. v. 1.

O negro na atualidade: racismo, marginalização, movimento negro, cultura, ascensão social, política, entre outros.

AHYAS, Siss. *Afro-brasileiros, cotas e ação afirmativa*: razões históricas. Rio de Janeiro: Quartet; Niterói: Penesb, 2003.

ALMADA, Sandra. *Abdias Nascimento*: retratos do Brasil negro. São Paulo: Selo Negro, 2009.

_____. *Damas negras*: sucesso, lutas, discriminação. Rio de Janeiro: Mauad, 1995.

ANDRADE, Rosa Maria T.; FONSECA, Eduardo F. (Orgs.). *Aprovados!* Cursinho pré-vestibular e população negra. São Paulo: Selo Negro, 2002.

ARAÚJO, Joel Zito. *A negação do Brasil*: o negro na telenovela brasileira. São Paulo: Senac, 2000.

BACELAR, Jeferson Afonso. *A hierarquia das raças*: negros e brancos em Salvador. Rio de Janeiro: Pallas, 2001.

_____. *Brasil, um país de negros?* 2. ed. Rio de Janeiro: Pallas, 1999.

BARBOSA, Lucia Maria de Assunção; SILVA, Petronilha Beatriz Gonçalves e; SILVÉRIO, Valter Roberto (Orgs.). *De preto a afrodescendente*: trajetos de pesquisa sobre relações étnico-raciais no Brasil. São Carlos: Editora da UFSCar, 2003.

BERNARDINO, Joaze (Org.). *Levando raça a sério*. Rio de Janeiro: DPA Editores, 2004.

BARRETO, Maria Aparecida Santos Correa; *et al.* (Orgs.). *Africanidade(s) e afrodescendência(s):* perspectivas para a formação de professores. Vitória: Editora da Ufes, 2013.

CARVALHO, José Jorge de. *Inclusão étnica e racial no Brasil*: a questão das cotas no Ensino Superior. São Paulo: Attar Editorial, 2005.

CASA DANDARA. *O triunfo da ideologia de embranquecimento*: o homem negro e a rejeição da mulher negra. *Belo Horizonte*: Projeto Cidadania do Povo, 1992.

COUTO, João Gilberto Parenti. *Projeto Brasil*: o resgate da dívida social e a situação do negro no Brasil. 2. ed. Belo Horizonte: Oficina Mineira de Edições, 2000.

DANTAS, Carolina Vianna; MATTOS, Hebe; ABREU, Martha (Orgs.). *O negro no Brasil*: trajetórias e lutas em dez aulas de História. Rio de Janeiro: Objetiva, 2012.

DOMINGUES, Petrônio. *A nova abolição*. São Paulo: Selo Negro, 2008.

_____. *Uma história não contada*: negro, racismo e branqueamento em São Paulo no pós-abolição. São Paulo: Senac, 2004.

FERES JUNIOR, João; ZONINSEIN, Jonas (Orgs.). *Ação afirmativa no Ensino Superior brasileiro*. Belo Horizonte: Editora da UFMG; Rio de Janeiro: Iuperj, 2008.

FONSECA, Dagoberto José. *Políticas públicas e ações afirmativas*. São Paulo: Selo Negro, 2009.

GOMES, Nilma Lino (Org.). *Práticas pedagógicas de trabalho com relações étnico-raciais na escola na perspectiva da Lei 10.639/03*. Brasília, DF: MEC/Unesco, 2012.

GONÇALVES, Luiz Alberto Oliveira; SILVA, Petronilha Beatriz Gonçalves e. *O jogo das diferenças*: o multiculturalismo e seus contextos. 3. ed. Belo Horizonte: Autêntica, 2001.

GUERREIRO, Goli. *A trama dos tambores*: a música *afro-pop* de Salvador. São Paulo: Editora 34, 2000.

HERSCHMANN, Micael (Org.). *Abalando os anos 90: funk* e *hip-hop* – globalização, violência e estilo cultural. Rio de Janeiro: Rocco, 1997.

LIMA, Ivan Costa; ROMÃO, Jeruse; SILVEIRA, Sônia Maria. *Os negros e a escola brasileira*. Florianópolis: Núcleo de Estudos Negros, 1999.

LOVELL, Peggy (Org.). *Desigualdade racial no Brasil contemporâneo*. Belo Horizonte: UFMG/Ceceplar, 1991.

MARTINS, Aracy Alves; GOMES, Nilma Lino. *Afirmando direitos*: acesso e permanência de jovens negros na universidade. Belo Horizonte: Autêntica, 2004.

MATTOS, Wilson Roberto de. *Negros contra a ordem*: astúcias, resistências e liberdades possíveis. Salvador: Editora da UFBA/Editora da Uneb, 2008.

MORGEN, Kathryn L. *Filhos de estranhos*: as histórias de uma família negra. São Paulo: Terceira Margem, 2002.

MOURA, Clóvis. *Dialética radical do Brasil negro*. São Paulo: Anita Garibaldi, 1994.

MOUTINHO, Laura. *Razão, "cor" e desejo*: uma análise comparativa sobre relacionamentos afetivo-sexuais "inter-raciais" no Brasil e na África do Sul. São Paulo: Editora da Unesp, 2004.

MUNANGA, Kabengele. *Origens africanas do Brasil contemporâneo*: histórias, línguas, culturas e civilizações. São Paulo: Global, 2009.

MUNANGA, Kabengele; GOMES, Nilma Lino. *O negro no Brasil de hoje*. São Paulo: Global, 2006.

_____ (Org.). *Democracia e diversidade humana*: desafio contemporâneo. Salvador: Secneb, 1992.

NASCIMENTO, Elisa Larkin (Org.). *A África na escola brasileira*. 2. ed. Rio de Janeiro: Seafro, 1993.

OLIVA, Anderson Ribeiro; COELHO, Maria Filomena da Costa (Orgs.). *O ensino de história da África em debate*: saberes, práticas e perspectivas. Goiânia: PUC-Goiás, 2011.

OLIVEIRA, Iolanda (Org.). *Relações raciais e educação*: temas contemporâneos. Niterói: Editora da UFF, 2002.

PACHECO, Jairo Queiroz; SILVA, Maria Nilza (Orgs.). *O negro na universidade*: o direito à inclusão. Brasília, DF: Fundação Palmares, 2007.

PAULA, Marilene de; HERINGER, Rosana (Orgs.). *Caminhos convergentes*: Estado e sociedade na superação das desigualdades raciais no Brasil. Rio de Janeiro: Heinrich Böll Stiftung/ActionAid, 2009.

PEREIRA, João Baptista Borges. *Cor, profissão e mobilidade*: o negro e o rádio de São Paulo. 2. ed. São Paulo: Edusp, 2001.

REPETTO, Maxim; NEVES, Leandro Roberto; FERNANDES, Maria Luiza (Orgs.). *Universidade inconclusa*: os desafios da desigualdade. Boa Vista: Editora da UFRR, 2008.

RIBEIRO, Álvaro Sebastião Teixeira; *et al.* (Orgs.). *História e cultura afro-brasileira e africana na escola*. Brasília, DF: Ágere Cooperação em Advocacy, 2008.

RODRIGUES, João Carlos. *O negro brasileiro e o cinema*. 3. ed. Rio de Janeiro: Pallas, 2012.

SALGUEIRO, Maria Aparecida Andrade. *Escritoras negras contemporâneas*: estudo de narrativas – Estados Unidos e Brasil. Rio de Janeiro: Caetés, 2004.

_____ (Org.). *A República e a questão do negro no Brasil*. Rio de Janeiro: Museu da República, 2005.

SANTOS, Renato Emerson dos. *Diversidade, espaço e relações sociais*: o negro na Geografia do Brasil. Belo Horizonte: Autêntica, 2007.

SERRANO, Carlos; WALDMAN, Maurício. *Memória d'África*: a temática africana na sala de aula. São Paulo: Cortez, 2008.

SILVA, Anderson Paulino da; BRANDÃO, André Augusto; MARINS, Mani Tebet A. de. *Educação superior e relações raciais*. Niterói: Editora da UFF, 2009.

SILVA, Carlos Benedito Rodrigues da. *Da terra das primaveras à ilha do amor-reggae, lazer e identidade cultural*. São Luís: Editora da UFMA, 1995.

SILVA, Paula Cristina da. *Negros à luz dos fornos*: representações do trabalho e da cor entre metalúrgicos baianos. São Paulo: Dynamis Editorial; [Salvador]: Programa A Cor da Bahia, 1997.

SILVA, Petronilha Beatriz Gonçalves e; SILVÉRIO, Valter Roberto (Orgs.). *Educação e ações afirmativas*: entre a injustiça simbólica e a injustiça econômica. Brasília, DF: Inep/MEC, 2003.

SIQUEIRA, José Jorge. *Entre Orfeu e Xangô*: a emergência de uma nova consciência sobre a questão do negro no Brasil (1944-1968). Rio de Janeiro: Pallas, 2006.

SOUZA, Neusa Santos. *Tornar-se negro ou As vicissitudes da identidade do negro brasileiro em ascensão social*. 2. ed. Rio de Janeiro: Graal, 1990.

STAM, Robert. *Multiculturalismo tropical*: uma história comparativa da raça na cultura e no cinema brasileiros. São Paulo: Edusp, 2008.

STEIL, Carlos Alberto (Org.). *Cotas raciais na universidade*: um debate. Porto Alegre: Editora da UFRGS, 2006.

SUCUMA, Arnaldo; FLORES, Elio Chaves (Orgs.). *Caminhos para o desenvolvimento*: convênios e saberes para o século XXI. João Pessoa: Universitária, 2007.

THEODORO, Mário (Org.). *As políticas públicas e a desigualdade racial no Brasil 120 anos após a abolição*. Brasília, DF: Ipea, 2008.

VIANNA, Hermano. *O mundo funk carioca*. Rio de Janeiro: Jorge Zahar, 1988.

Religiosidade e religiões do negro

ABREU, Martha. *O império do Divino*: festas religiosas e cultura popular no Rio de Janeiro, 1830-1900. Rio de Janeiro: Nova Fronteira; São Paulo: Fapesp, 1999.

AMANTINO, Márcia; *et al.* (Orgs.). Povoamento, catolicismo e escravidão na antiga Macaé (séculos XVIII e XIX). Rio de Janeiro: Apicuri, 2011

BARROS, José Flávio Pessoa de. *O segredo das folhas*: sistema de classificação de vegetais no candomblé jeje-nagô do Brasil. Rio de Janeiro: Pallas/Editora da Uerj, 1993.

BELLINI, Ligia; SOUZA, Evergton Sales; SAMPAIO, Gabriela dos Reis (Orgs.). *Formas de crer*: ensaios de história religiosa no mundo luso-afro-brasileiro (séculos XIV-XXI). Salvador: Editora da UFBA/Corrupio, 2006.

BIRMAN, Patrícia. *Fazer estilo criando gêneros*: possessão e diferenças de gênero em terreiros de umbanda e candomblé no Rio de Janeiro. Rio de Janeiro: Relume Dumará/Editora da Uerj, 1995.

BRAGA, Júlio. *A cadeira de ogã e outros ensaios*. Rio de Janeiro: Pallas, 1999.

_____. *Ancestralidade afro-brasileira*: o culto de Babá Egum. Salvador: Ceao/Ianamá/Editora da UFBA, 1992.

_____. *Na gamela do feitiço*: repressão e resistência nos candomblés da Bahia. Salvador: Ceao/Editora da UFBA, 1995.

_____. *Religião e cidadania*. Salvador: OEA/Editora da UFBA, 1991.

CALAINHO, Daniela Buono. *Metrópole das mandingas*: religiosidade negra e Inquisição portuguesa no Antigo Regime. Rio de Janeiro: Garamond, 2008.

CAMPOS, Vera Felicidade de Almeida. *Mãe Stella de Oxóssi*: perfil de uma liderança religiosa. Rio de Janeiro: Jorge Zahar, 2003.

CAPONE, Stefania. *A busca da África no candomblé*: tradição e poder no Brasil. Rio de Janeiro: Pallas, 2004.

CARNEIRO, Edison. *Religiões negras*: negros bantos. Rio de Janeiro: Civilização Brasileira, 1991.

CARYBÉ. *Os deuses africanos no candomblé da Bahia*. Salvador: Bigraf, 1993.

CASTILLO, Lisa Earl. *Entre a oralidade e a escrita*: a etnografia nos candomblés da Bahia. Salvador: Editora da UFBA, 2008.

CAVALCANTE, Antonio Mourão; PORDEUS JÚNIOR, Ismael (Orgs.). *Folia*: maldição dos deuses, doença dos homens. Fortaleza: Edições UFC, 1994.

COSTA, José Rodrigues da. *Candomblé de Angola*: nação kassanje. 2. ed. Rio de Janeiro: Pallas, 1991.

DANTAS, Beatriz Góis. *Vovô nagô e papai branco*: usos e abusos da África no Brasil. Rio de Janeiro: Graal, 1988.

ECHEVERRIA, Regina. *Mãe Menininha do Gantois*: uma biografia. Rio de Janeiro: Ediouro, 2007.

LA PORTA, Ernesto M. *Estudo psicanalítico dos rituais afro-brasileiros*. Rio de Janeiro: Atheneu, 1979.

LIMA, Vivaldo da Costa. *A família de santo nos candomblés jejes-nagôs da Bahia*: um estudo de relações intergrupais. 2. ed. Salvador: Corrupio, 2003.

_____. *Cosme e Damião*: o culto aos santos gêmeos no Brasil e na África. Salvador: Corrupio, 2005.

_____. *Encontro de nações de candomblé*. Salvador: Ianamá/Ceao, 1984.

_____. *Lessé Orixá*: nos pés do Santo. Salvador: Corrupio, 2010.

LODY, Raul. *Santo também come*: estudo sociocultural da alimentação cerimonial em terreiros afro-brasileiros. Rio de Janeiro: Artenova, 1979.

_____. *Tem dendê, tem axé*: etnografia do dendezeiro. Rio de Janeiro: Pallas, 1992.

LUZ, Marco Aurélio. *Agadá*: dinâmica da civilização africano-brasileira. Salvador: Editora da UFBA, 1995.

MAC CORD, Marcelo. *O rosário de D. Antônio*: irmandades negras, alianças e conflitos na história social do Recife, (1848-1872). Recife: Editora da UFPE; São Paulo: Fapesp, 2005.

MAGGIE, Yvonne. *Guerra de orixá*: um estudo de ritual e conflito. 3. ed. Rio de Janeiro: Jorge Zahar, 2001.

MAUÉS, Raymundo Heraldo; VILLACORTA, Gisela Macambira (Orgs.). *Pajelanças e religiões africanas na Amazônia*. Belém: Editora da UFPA, 2008.

MOURA, Carlos Eugênio Marcondes de (Org.). *As senhoras do pássaro da noite*. São Paulo: Edusp, 1994.

_____ (Org.). *Bandeira de Alairá*: outros escritos sobre a religião dos orixás. São Paulo: Nobel, 1982.

_____ (Org.). *Meu sinal está no teu corpo*: escritos sobre a religião dos orixás. São Paulo: Edicon/Edusp, 1989.

_____ (Org.). *Olóòrìsà*: escritos sobre a religião dos orixás. São Paulo: Ágora, 1981.

_____; DANTAS, Beatriz Góis (Orgs.). *Candomblé desvendando identidades*: novos escritos sobre a religião dos orixás. São Paulo: EMW, 1987.

MOURA, Roberto. *Tia Ciata e a pequena África no Rio de Janeiro*. 2. ed. rev. Rio de Janeiro: Secretaria Municipal de Cultura, 1995.

NEGRÃO, Lísias Nogueira. *Entre a cruz e a encruzilhada*: formação do Campo Umbandista em São Paulo. São Paulo: Edusp, 1996.

OLINTO, Antonio. *A casa da água*. 5. ed. Rio de Janeiro: Nova Fronteira, 1999.

OLIVEIRA, Altair Bento de. *Cantando para os orixás*. 4. ed. Rio de Janeiro: Pallas, 2007.

_____. *Elégùn*: iniciação no candomblé. 3. ed. Rio de Janeiro: Pallas, 1995.

OLIVEIRA, Anderson José Machado. *Devoção negra*: santos pretos e catequese no Brasil Colonial. Rio de Janeiro: Quartet/Faperj, 2008.

PARÉS, Luis Nicolau. *A formação do candomblé*: história e ritual da nação jeje na Bahia. Campinas: Editora da Unicamp, 2006.

PEREIRA, Nunes. *A casa das minas*: contribuição ao estudo das sobrevivências do culto dos voduns, do panteão daomeano, no Estado do Maranhão, Brasil. 2. ed. Petrópolis: Vozes, 1979.

PRANDI, Reginaldo. *Herdeiras do axé*. São Paulo: Hucitec, 1996.

_____. *Os candomblés de São Paulo*. São Paulo: Hucitec, 1991.

RAMOS, Arthur. *O folclore negro do Brasil*: demopsicologia e psicanálise. 3. ed. São Paulo: WMF Martins Fontes, 2007.

REGINALDO, Lucilene. *Os rosários dos angolas*: irmandades de africanos e crioulos na Bahia setecentista. São Paulo: Alameda/Fapesp, 2011.

REHBEIN, Franziska C. *Candomblé e salvação*: a salvação na religião nagô à luz da teologia cristã. São Paulo: Loyola, 1985.

REIS, João José. *Domingos Sodré, um sacerdote africano*: escravidão, liberdade e candomblé na Bahia do século XIX. São Paulo: Companhia das Letras, 2008.

RISÉRIO, Antonio. *Oriki orixá*. São Paulo: Perspectiva, 1996.

ROCHA, Agenor Miranda. *As nações ketu*: origens, ritos e crenças – os candomblés antigos do Rio de Janeiro. 2. ed. Rio de janeiro: Mauad, 2000.

SAMPAIO, Gabriela dos Reis. *Juca Rosa*: um pai de santo na Corte imperial. Rio de Janeiro: Arquivo Nacional, 2009.

SANTOS, Deoscóredes Maximiliano dos. *História de um terreiro nagô*. 2. ed. São Paulo: Max Limonad, 1994.

SANTOS, Jocélio Teles dos. *O dono da terra*: o caboclo nos candomblés da Bahia. Salvador: Sarah Letras/Programa A Cor da Bahia, 1995.

SANTOS, Juana Elbein dos. *Os nàgô e a morte*. 10. ed. Petrópolis: Vozes, 2001.

SCARANO, Julita. *A Irmandade de Nossa Senhora do Rosário dos Pretos do Distrito Diamantino no século XVIII*. São Paulo: Companhia Editora Nacional, 1978.

SEGATO, Rita Laura. *Santos e daimones*: o politeísmo afro-brasileiro e a tradição arquetipal. 2. ed. Brasília, DF: Editora da UnB, 1995.

SERRA, Ordep J. Águas do *rei*. Petrópolis: Vozes, 1995.

SILVA, Vagner Gonçalves da. *Candomblé e umbanda*: caminhos da devoção brasileira. 3. ed. São Paulo: Selo Negro, 2005.

_____. *Orixás da metrópole*. Petrópolis: Vozes, 1995.

SILVEIRA, Renato da. *O candomblé da Barroquinha*: processo de constituição do primeiro terreiro baiano de ketu. Salvador: Maianga, 2006.

_____. *Oxalufâ*. Salvador: Solisluna, 2010.

SIQUEIRA, José Jorge. *Entre Orfeu e Xangô*: a emergência de uma nova consciência sobre a questão do negro no Brasil (1944-1968). Rio de Janeiro: Pallas, 2006.

SOARES, Mariza de Carvalho. *Devotos da cor*: identidade étnica, religiosidade e escravidão – Rio de Janeiro, século XVIII. Rio de Janeiro: Civilização Brasileira, 2000.

SODRÉ, Muniz; LIMA, Luís Filipe de. *Um vento sagrado*: história de vida de um adivinho da tradição nagô-ketu brasileira. Rio de Janeiro: Mauad, 1996.

SOUSA JÚNIOR, Vilson Caetano de. *Orixás, santos e festas*: encontros e desencontros do sincretismo afro-católico na cidade de Salvador. Salvador: Editora da Uneb, 2003.

THEODORO, Helena. *Mito e espiritualidade*: mulheres negras. Rio de Janeiro: Pallas, 1996.

VERGER, Pierre Fatumbi. *Ewé*: o uso das plantas na sociedade iorubá. 3. ed. São Paulo: Companhia das Letras, 1995.

_____. *Lendas africanas dos orixás*. 4. ed. Salvador: Corrupio, 1997.

_____. *Notas sobre o culto aos orixás e voduns na Bahia de Todos os Santos, no Brasil, e na Antiga Costa dos Escravos, na África*. 2. ed. São Paulo: Edusp, 2000.

VERGER, Pierre Fatumbi. *Orixás*: deuses iorubás na África e no Novo Mundo. Salvador: Corrupio, 2002.

_____. *Oxóssi*: o caçador. Salvador: Corrupio, 1981.

VOGEL, Arno; MELLO, Marco Antônio da Silva; BARROS, José Flávio Pessoa de. *Galinha-d'angola*: iniciação e identidade na cultura afro-brasileira. 3. ed. Rio de Janeiro: Pallas, Athenas, 2001.

XAVIER, Regina Célia Lima. *Religiosidade e escravidão, século XIX*: mestre Tito. Porto Alegre: Editora da UFRGS, 2008.

ZIEGLER, Jean. *Os vivos e a morte*: uma "sociologia da morte" no Ocidente e na diáspora africana no Brasil e seus mecanismos culturais. Rio de Janeiro: Zahar, 1977.

1988 (ano do centenário da Abolição)

ALGRANTI, Leila Mezan. *O feitor ausente*: escravidão urbana no Rio de Janeiro. Petrópolis: Vozes, 1988.

ALVES FILHO, Ivan. *Memorial dos Palmares*. Rio de Janeiro: Xenon, 1988.

ANDRADE, Maria José de Souza. *A mão de obra escrava em Salvador* (1811-1860). São Paulo: Corrupio; Brasília, DF: CNPq, 1988.

ARAÚJO, Emanoel (Org.). *A mão afro-brasileira*: significados da contribuição artística e histórica. São Paulo: Tenenge, 1988.

ARQUIVO PÚBLICO DO ESTADO DA BAHIA. *Guia de fontes para a história da escravidão negra na Bahia.* Salvador: Apeb, 1988. v. 1. (Ordens Régias).

ARQUIVO PÚBLICO ESTADUAL DO ESPÍRITO SANTO. *Fontes para a história da escravidão negra no Espírito Santo.* Vitória: Arquivo Público Estadual, 1988.

ARQUIVOS, Edição Centenária da Abolição, v. 41, n. 172, 1988.

ASSOCIAÇÃO dos Arquivistas Brasileiros (Org.). Pesquisa: guia brasileiro de fontes Brasil-África. *Arquivo e Administração*, Rio de Janeiro, edição especial, jul. 1988.

ATHAÍDE, Sebastião. *O negro no Planalto.* Lages: [s.n.], 1988.

AZEVEDO, Célia Maria Marinho de. Sinal fechado para os negros na rua da liberdade. *Humanidades*, Brasília, DF: v. 5, n. 17, p. 9-12, 1988.

AZEVEDO, Paulo César de; LISSOVSKY, Maurício (Orgs.). *Escravos brasileiros do século XIX na fotografia de Christiano Jr.* São Paulo: Ex Libris, 1988.

AYALA, Marcos. Poesia dos negros; fragmentos de história. *Revista Brasileira de História*, São Paulo, v. 8, n. 15, p. 163-167, set. 1987-fev. 1988.

BANDEIRA, Maria de Lourdes. *Território negro em espaço branco*: estudo antropológico de Vila Bela. São Paulo: Brasiliense, 1988.

BARBOSA, Marcio. *Frente Negra Brasileira*: depoimentos. São Paulo: Quilombhoje, 1998.

BERND, Zilá. *O que é negritude.* São Paulo: Brasiliense, 1988.

BORGES, Rogério. *O negrinho Ganga Zumba.* São Paulo: Editora do Brasil, 1988.

BOXER, Charles Ralph. *Relações raciais no império colonial português*: 1415-1825. 2. ed. Porto: Afrontamento, 1988.

BRAGA, Júlio. *O jogo de búzios*: um estudo da adivinhação no candomblé. São Paulo: Brasiliense, 1988.

CARDOSO, Ciro Flamarion (Org.). *Escravidão e abolição no Brasil*: novas perspectivas. Rio de Janeiro: Zahar, 1988.

COELHO, Beatriz A. de Salles; MELLO, Maria L. H. Ludolf de (Coord.). *Bibliografia sobre a escravidão negra no Brasil*. Rio de Janeiro: Fundação Casa de Rui Barbosa, 1988.

CONCEIÇÃO, Fernando. *Negritude favelada*: a questão do negro e o poder na "democracia racial brasileira". Bahia: Edição do Autor, 1988.

DAMASCENO, Benedita Gouveia. *Poesia negra no Modernismo brasileiro*. São Paulo: Pontes, 1988.

DANTAS, Beatriz Góis. *Vovô nagô e papai branco*: usos e abusos da África no Brasil. Rio de Janeiro: Graal, 1988.

GIACOMINI, Sônia Maria. *Mulher e escrava*: uma introdução ao estudo da mulher negra no Brasil. Petrópolis: Vozes, 1988.

GOMES, Heloisa Toller. *O negro e o romantismo brasileiro*. São Paulo: Atual, 1988.

GUIA brasileiro de fontes para a história da África, da escravidão negra e do negro na sociedade atual. Rio de Janeiro: Arquivo Nacional/ Imprensa Nacional, 1988. 2 v.

GUIMARÃES, Carlos Magno. Os quilombos do século do ouro. *Revista do Departamento de História (UFMG)*, Belo Horizonte, n. 6, p. 15 -46, 1988.

HASENBALG, Carlos; SILVA, Nelson do Valle. *Estrutura social, mobilidade e raça*. Rio de Janeiro: Instituto Universitário de Pesquisas do Rio de Janeiro, 1988.

LAMOUNIER, Maria Lúcia. *Da escravidão ao trabalho livre* (a Lei de Locação de Serviços de 1879). Campinas: Papirus, 1988.

LARA, Silvia Hunold. *Campos da violência*: escravos e senhores na capitania do Rio de Janeiro (1750-1808). Rio de Janeiro: Paz e Terra, 1988.

_____ (Org.). Escravidão. *Revista Brasileira de História*, v. 8, n. 16, mar.-ago. 1988.

MACEDO, Joaquim Manoel de. *As vitimas-algozes*: quadros da escravidão. São Paulo: Scipione, 1988.

MAESTRI FILHO, Mário José. *Depoimentos de escravos brasileiros*. São Paulo: Ícone, 1988.

MELO, Regina Lúcia Couto; COELHO, Rita de Cássia Freitas (Orgs.). *Educação e discriminação dos negros*. Belo Horizonte: Instituto de Recurso Humanos João Pinheiro, 1988.

MOTT, Maria Lucia de Barros. *Submissão e resistência*: a mulher na luta contra a escravidão. São Paulo: Contexto, 1988.

MOVIMENTO Negro Unificado (1978-1988) 10 anos de luta contra o racismo. São Paulo: Confraria do Livro, 1988.

NEGRÃO, Esmeralda Vailati. Preconceitos e discriminações raciais em livros didáticos. *Cadernos de Pesquisa*, São Paulo, n. 65, p. 52-65, mai. 1988.

OCTÁVIO, José. *A escravidão na Paraíba*: historiografia e história (preconceitos e racismo na produção cultural). João Pessoa: A União, 1988.

OLIVEIRA, Maria Inês. C. de. *O liberto*: o seu mundo e os outros – Salvador (1790-1890). São Paulo: Corrupio; Brasília: CNPq, 1988.

PALMARES em ação. Brasília: Fundação Cultural Palmares, 1988.

PESAVENTO, Sandra Jatahy. *De escravo a liberto*: um difícil caminho. Porto Alegre: Mercado Aberto, 1988.

PINSKY, Jaime. *A escravidão no Brasil: a escravidão acabou?* A vida cotidiana dos escravos. *Negritude e sexualidade*. São Paulo: Contexto, 1988.

QUIRINO, M. *Costumes africanos no Brasil*. 2. ed. rev. e ampl. Recife: Fundaj/Massangana/Funarte, 1988.

RODRIGUES, João Carlos. *O negro brasileiro e o cinema*. 3. ed. Rio de Janeiro: Pallas, 2012.

SALLES, Vicente. *O negro no Pará*. Belém: Secult, 1988.

SCHWARTZ, Stuart. *Segredos internos*: engenhos e escravos na sociedade colonial. São Paulo: Companhia das Letras, 1988.

SILVA, Ana Célia da. A discriminação e preconceitos em relação ao negro no livro de comunicação e expressão de 1º grau, nível 1 (1ª a 4ª série). In: MELO, Regina Lúcia Couto; COELHO, Rita de Cássia Freitas (Orgs.). *Educação e discriminação dos negros*. Belo Horizonte: Instituto de Recurso Humanos João Pinheiro, 1988.

SOARES, Arlete. (Org.). *África negra*. São Paulo: Corrupio, 1988.

VELLOSO, Mônica Pimenta. *As tradições populares na* belle époque *carioca*. Rio de Janeiro: Funarte, 1988.

VIANNA FILHO, Luís. *O negro na Bahia*. Rio de Janeiro: Nova Fronteira, 1988.

GRÁFICA PAYM
Tel. [11] 4392-3344
paym@graficapaym.com.br